华北东北博物馆

镇馆之宝

丁尧 ◎ 编著

北京大学出版社
PEKING UNIVERSITY PRESS

序 敬畏文物

  文物是文化遗产的物质载体，其承载的信息极具历史、考古、艺术、美学与科学价值。文物凝聚着先人的辛劳、智慧、情感、荣耀，甚至是血和泪。走近文物，我们会有一种强烈的震撼，会产生一种穿越时空的沧桑感悟。

  历史的斑驳色彩，社会的生活画面，先人的喜怒哀乐，都会在文物中呈现出来。凭借文物，我们可以补缀"洪荒莫传"的历史；凭借文物，我们可以恢复"秦时明月汉时关"的城池风光；凭借文物，我们可以演绎"车辚辚，马萧萧"的壮烈场面；凭借文物，我们可以解读"九秋风露越窑开，夺得千峰翠色来"的神秘色彩；凭借文物，我们可以体察"外师造化，中得心源"的艺术境界。

  文物凝聚着先人的智慧，也负载着民族的精神。无怪乎有国外友人在面对中国古代灿烂文化时，感慨地说：创造过如此辉煌历史的民族，一定能够创造更加辉煌的未来。文物给国人以自信，文物又赢得世人的尊敬。

"千古江山，英雄难觅，孙仲谋处。舞榭歌台，风流总被雨打风吹去。"历史在前进中不断创造，又不断丢失，昔日的耀斑难觅。"君不见阿房宫，寒云泽雉栖息中。"昔日里，"殿东两千步，南北三百步，庭中受十万人"的阿房宫早已灰飞烟灭，现存最早的建筑只是在阿房宫毁灭千年之后的唐代五台山的南禅寺和佛光寺这两个仅存的硕果。在传世法书名品中，最早的作品是由"墨皇"盛誉的西晋陆机《平复帖》。晋代书法，是中国书法艺术的顶峰，可与唐诗、宋词、元曲相提并论。晋韵唐法，晋唐心印，一百五十年间，有著名书法家两百余人，可又有几件真迹流传下来？"书圣"王羲之的书法技法"贵越群品，古今莫二"，赫赫有名的《兰亭序帖》相传被埋在了李世民的王陵里，怎么得见天日，就连最精彩的唐摹本《丧乱帖》也深藏日本皇室，难得一见。而魏晋时期的顾恺之未留下一件真迹，仅唯其《女史箴图》的宋摹本也竟流落大英博物馆，《洛神赋图》宋摹本也散佚到美国。被苏轼赞为"诗中有画，画中有诗。"的王维，其摹本也秘藏于一座日本寺院中。历史的淘洗，人为的毁坏，湮灭的，流失的又何其多！

文物是先人创造的，它属于前人，也属于今人，更属于后人。我们要尊重先人的创造之功；要尊重先人的保全之力。我们有责任保护好，尽量完好地传之后代，这是对前人的尊重，对历史的尊重，也是对我们自己责任的尊重。

以经典的力量呼唤文化的传承，以文物的广度促进文化的认知。历史是一个不断延伸的链条，我们这一代人只不过是这链条中的一个环节。每一个环节都庄严地担负着责任和道义。让我们一起敬畏文物。

目录

北京市

故宫博物院　　　　　　　　　　4
平复帖卷　　　　　　　　　　4
【东晋　镇馆指数★★★★★】

清明上河图卷　　　　　　　　9
【北宋　镇馆指数★★★★★】

象牙席　　　　　　　　　　　14
【清　镇馆指数★★★★☆】

大禹治水图玉山　　　　　　　19
【清乾隆　镇馆指数★★★★★】

各种釉彩大瓶　　　　　　　　23
【清乾隆　镇馆指数★★★★★】

中国国家博物馆　　　　　　　　28
陶鹰鼎　　　　　　　　　　　28
【新石器时代庙底沟文化　镇馆指数★★★★★】

彩绘鹳鱼石斧纹陶缸　　　　　31
【新石器时代庙底沟文化　镇馆指数★★★★★】

后母戊鼎　　　　　　　　　　36
【商代晚期　镇馆指数★★★★★】

四羊方尊　　　　　　　　　　41
【商代晚期　镇馆指数★★★★★】

孝靖皇后凤冠　　　　　　　　47
【明　镇馆指数★★★★☆】

I

首都博物馆 — 51
景德镇窑青白釉水月观音菩萨像 — 51
【清 镇馆指数★★☆☆】

袁江骊山避暑图轴 — 56
【清 镇馆指数★★☆☆】

观复博物馆 — 59
紫檀描金七重檐宝塔 — 59
【清 镇馆指数★★☆☆】

保利艺术博物馆 — 62
㐭季鸟尊 — 62
【西周 镇馆指数★★★☆】

㸐公盨 — 66
【西周中期 镇馆指数★★★★】

周口店猿人遗址博物馆 — 70
北京人头骨化石 — 70
【旧石器时代 镇馆指数★★★☆】

目录

天津市

天津博物馆　　　　　　　　　　　　78
龙纹铜禁　　　　　　　　　　　　　78
【西周早期　镇馆指数★★★★☆】

范宽雪景寒林图轴　　　　　　　　　81
【北宋　镇馆指数★★★★★】

乾隆珐琅彩芍药雉鸡纹玉壶春瓶　　　84
【清　镇馆指数★★★★☆】

河北省

河北省博物馆　　　　　　　　　　　92
错金银龙凤方案　　　　　　　　　　92
【战国　镇馆指数★★★★★】

金缕玉衣　　　　　　　　　　　　　96
【西汉　镇馆指数★★★☆☆】

长信宫灯　　　　　　　　　　　　101
【西汉　镇馆指数★★★★★】

景德镇窑青花釉里红镂雕盖罐　　　104
【元　镇馆指数★★★★★】

定州博物馆　　　　　　　　　　　108
螭龙纹谷钉玉璧　　　　　　　　　108
【东汉　镇馆指数★★★★★】

III

山西省

山西博物院 — 116

赵卿墓鸟尊 — 116
【春秋晚期　镇馆指数★★★★☆】

侯马盟书 — 120
【春秋　镇馆指数★★★★☆】

虞弘墓石椁 — 123
【隋　镇馆指数★★★★★】

司马金龙墓石雕柱础 — 129
【北魏　镇馆指数★★★★☆】

人物故事彩绘描漆屏风 — 132
【北魏　镇馆指数★★★★★】

王渊《山桃锦鸡图轴》 — 137
【元　镇馆指数★★★★☆】

大同博物馆 — 141

捧莲蕾童子 — 141
【北魏　镇馆指数★★★★☆】

目录

内蒙古自治区

内蒙古博物院　　　　　　　　　　　150
鹰形金冠饰　　　　　　　　　　　　150
【战国　镇馆指数★★★☆】

巴林右旗博物馆　　　　　　　　　154
玉猪龙　　　　　　　　　　　　　　154
【红山文化时期　镇馆指数★★★☆】

辽宁省

辽宁省博物馆　　　　　　　　　　162
万岁通天帖卷　　　　　　　　　　　162
【唐　镇馆指数★★★★★】

传周昉簪花仕女图卷　　　　　　　　166
【唐　镇馆指数★★★★★】

赵佶瑞鹤图卷　　　　　　　　　　　170
【北宋　镇馆指数★★★★★】

摹张萱虢国夫人游春图卷　　　　　　175
【北宋　镇馆指数★★★★★】

紫鸾鹊谱缂丝　　　　　　　　　　　178
【北宋　镇馆指数★★★★★】

云龙人物纹转心象牙球　　　　　　　184
【清　镇馆指数★★★☆】

吉林省

吉林博物院 192
银釉鸡冠壶 192
【辽　镇馆指数★★☆☆】

张瑀文姬归汉图卷 195
【金　镇馆指数★★★☆】

董其昌《昼锦堂图》卷 200
【明　镇馆指数★★★☆】

黑龙江省

黑龙江博物馆 208
铜坐龙 208
【金　镇馆指数★★☆☆】

参考文献 212

镇馆之宝

华北东北博物馆

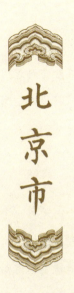

北京市

Bei Jing

北京是我国的文化中心，在目不暇接的主题众多的展览里，你可以看到绚烂多彩的文物。不仅有表现恢宏壮丽的北京文化及不断递升并走向辉煌的都城发展史的北京周边出土文化遗产，还有国家级博物馆从全国各地调拨而来能够反映中华民族文明内涵的瑰宝，更有各个博物馆不定期举办的来自世界各地、国内文物大省的各种文物精品展。

很多游客到北京都会去故宫博物院参观，去看看过去皇帝上朝的地方、批折子的地方、生活的地方……在领略全世界现存最大的皇家宫廷建筑之余，一些观众也许会有这样的疑问：故宫收藏的清明上河图在哪？的确，明清建筑群是故宫博物院最珍贵的展品，同时在宫殿之中还有展馆陈列着这里的文物珍品，比如书画馆不定期举办的"历代书画展"，陶瓷馆里陈列的元青花瓷器，青铜器馆展出的清宫旧藏钟鼎彝器等，只要时间允许，大可进入展馆，细细品味其中的韵味。

天安门广场东侧的中国国家博物馆，"古代中国"陈列名副其实，是能够充分将我国几千年文明史浓缩在同一个屋檐下的艺术殿堂。古代珍贵文物是民族历史的主要见证，古代中国不同历史时期在政治、经济、文化、社会生活以及中外交流等方面的内涵在这里揭示，中华文明绵延不绝的发展特点和各族人民共同缔造多民族国家的历史进程在这里凸显,中华民族所取得的辉煌成就和对人类文明所做出的伟大贡献在这里激荡起每一位观者的内心波澜。

周口店猿人遗址的发现,不仅是有关远古时期亚洲大陆人类社会的一个罕见的历史证据,而且也阐明了人类进化的进程;首都博物馆的陈列,表现了恢宏壮丽的北京文化及不断递升并走向辉煌的都城发展史;保利艺术博物馆和观复博物馆,是我国改革开放以来非国有博物馆繁荣发展的缩影。

据不完全统计,包括国家级、市属、区属以及民办、行业博物馆等在内,北京地区共有注册博物馆159家。从全国范围来看,北京地区的博物馆胜在"博",门类齐全,在质量和规模上都名列前茅。

这个世界上再没有一个地方有如此的胸襟与气度,容下如此多古老或是新奇的文物精品。不管是浅显易懂的写实雕塑,或者是迷幻抽象的心情作品;不管你心里是欣赏还是不屑一顾,它们都同样站在那里默不作声的等待检阅。

华北东北博物馆 — 镇馆之宝

故宫博物院

平复帖卷

【东晋 镇馆指数★★★★★】

《平复帖》,是距今1700多年东晋文人陆机的作品,也是现今传世墨迹中的"开山鼻祖",是现在可以看到的最早的名家书法。《平复帖》虽长不足一尺,只有9行84个字,却盖满了历代名家的收藏印记,被学术界尊为"中华第一帖",我国著名书法家启功先生是这样评价《平复帖》的历史地位的:"翠墨黝然发古光,金题锦帙照琳琅,十

【平复帖卷】

年校遍流沙简，平复无惭署墨皇。"

说到陆机，他是"身在曹营心在汉"的东吴名将陆逊的孙子，"少有异才，文章冠世"，是著名的《文赋》一文的作者。1700多年前的某一天，风和日丽，陆机心情颇佳，处理完繁杂事务，读罢一阵闲书之后，突然想起好友贺循。贺循身体羸弱多病，久难痊愈，不知近来身体状况如何，作为朋友，陆机心里十分挂念，于是提笔给贺循写信以慰问病情，遥祝病体康复。因是多年老友，熟不拘礼，字又不多，随便用秃笔写就一札。可是万万没想到，这普普通通的一封问病信札，不过是陆机随意挥就的率意之作，后来竟然成了价值连城、千古流传的国宝。

就《平复帖》本身而言，最精妙之处还是在于其书法里存在的内涵。由于年代久远，帖纸表面斑驳不堪，字体十分古拙，是一种由隶书向草书过渡的长草书体，十分难得一见，深得章草书之精蕴；此帖布局，纵横交错，起落跌宕，开草书自由浪漫之先锋。有书法鉴赏家从专业角度，这样理解《平复帖》："其结体，内敛蓄势与圆转纵横交相辉映；其章法，笔断意连，散若群星，又顾盼流连。通篇看来，既有清疏萧散的典雅韵味，又有率意挥洒的不羁气象。"就连此书使用秃笔书写，也被誉为

"笔法质朴老健,笔画盘丝屈铁,结体茂密自然,富有天趣"。董其昌在《平复帖》后作跋文说:"右军(王羲之)之前,元常(钟繇)之后,唯此数行,为希代宝。"

星移斗转,沧海桑田。有言道:"纸千年,绢八百。"意思是纸的寿命只有一千年,而《平复帖》已经超过一千年了,所以说1700多年前的一封信札,能够流传到今天,真是个奇迹。火烧、水淹、虫蛀、兵荒马乱,甚至是在展卷时不经意的撕拉扯拽,随便一点灾祸,就能让它化为乌有,可是它却最终完完整整地保存下来了。

说到《平复帖》,就必然要说到张伯驹。《平复帖》流传至今,虽说时隐时现,辗转数人之手,但最惊险的经历,还是在张伯驹收藏它的那段时间。张伯驹为了不让它流失海外,先是千辛万苦,几乎倾家荡产地购来,又为此经历绑票,险些丧命,接着是破家逃难,为之担惊受怕十几年。1941年秋天,沦陷中的北京危机四伏。刚从绑架案劫后余生的张伯驹,正准备携全家去往西安避难。他将《平复帖》小心翼翼地缝入贴身棉衣中,在此后的四年中,虽历经离乱跋涉,这件棉衣从未离开过他半步,直到抗战结束回到北京。张伯驹伉俪虽然视《平复帖》珍贵甚于性命,但借给朋友观赏研究却十分慷慨坦然。1947年,王世襄在故宫博物院任职时,很想研究《平复帖》,于是忐忑地向张伯驹请求一观。张伯驹慨然相借,让王世襄将帖携回家足足研究了一个多月。更可贵的是,历代的包括帝王在内的大收藏家,都在《平复帖》上钤下了自己的印迹,只有这个张伯驹,却不留丝毫痕迹;凡经手收藏的人几乎都在《平复帖》上赚钱获利,唯独张伯驹倒贴了一大笔银子。1956年,张伯驹同夫人潘素商量,将变卖全部家产和冒着生命危险收藏的《平复帖》无偿献给了国家,国家奖励的20万元人民币他们也分文未取。

清明上河图卷

【北宋　镇馆指数★★★★★】

《清明上河图》是一幅举世闻名的绘画杰作。它以高度的艺术技巧，反映出当时的社会风貌，不仅在艺术史上具有重要的地位，还在其他领域具有非常重要的文献资料的价值。

《清明上河图》的作者张择端，长于工笔界画。那时正是宋徽宗赵佶当政，由于皇帝本人也是画家，所以宫廷画院特别兴旺发达。《清明上河图》是一幅写实性很强的作品，它真实地描绘了我国12世纪城市生活的面貌。

全画可分为三个段落。首段描写汴京郊区农村景色，疏林薄雾，掩映着几家茅舍，一小队驮炭的毛驴由远而来，观者不禁想起严冬的寒冷，一股萧瑟之感扑面而来。接着

【清明上河图卷】

【清明上河图卷】(局部)

是一片柳林，此时大地已经回春。在绿树掩映的大路上，有一乘装饰着杂花的轿子，轿后跟着一支小小的队伍，踏青归来的他们正在向城内进发。

中段描写汴河。汴河是北宋国家的漕运枢纽所在，南北商业交通要道。汴河中的船只，有的满载货物，或纤夫牵引，或船工摇橹，吃力地溯流而上；有的已经泊岸，或紧张地卸货，或空船待归。在水陆交通的汇合处，车水马龙，熙熙攘攘，有一座规模颇大的木结构拱桥横跨汴河，这是整幅画第一个热闹所在。这座桥结构精巧，由于它形象"宛如飞虹"，故人们称它为"虹桥"。

后段描写的是市区街道。以高大的城楼为中心，两边的屋宇鳞次栉比，有茶坊、酒肆、脚店、肉铺、庙观等。商店中有罗锦匹帛、沉檀楝香、香火纸马等专门的经营。此外医药门诊、大车修理、看相算命、修面整容。各行各业，应有尽有。在一些大的商店门首，还扎结着"彩楼欢门"，悬挂市招旗帜，以招揽生意。街市行人摩肩接踵，往来络绎不绝。有谈生意的商贾，有闲看街景的士绅，有骑着高头大马的官吏，有肩挑叫卖的小贩，有乘坐轿子的大家眷属，有身负背篓的行脚僧人，有问路的外乡之客，有听说书的涂巷小儿，有酒楼中狂饮的贵家子弟，有城边行乞的残疾老人等。

《清明上河图》是一幅不朽的杰作,历代鉴赏家都予以高度评价,列入"神品",视之为无价珍宝。正因为《清明上河图》是一件具有高度欣赏价值的艺术品,在其流传过程中,演绎出许多离奇曲折的传奇故事。《清明上河图》由溥仪带出宫廷后先存放在天津,之后伪满政权成立,又带到长春伪满皇宫。1945年,在硝烟弥漫的炮火声中,溥仪仓皇出逃,将珍贵的古代书法名画和金玉财宝随身携带至通化,准备乘机亡命日本。飞机还未来得及起飞,就被人民解放军俘获。《清明上河图》幸免于一次劫难,安然无恙地被保留了下来,先存放在东北博物馆,后拨交给故宫博物院。这是它第五次进入紫禁城,不过不是昔日的皇宫,而是人民的博物院。

《清明上河图》最后一次装裱是在20世纪的60年代,原来在画卷的开头部分,画家描绘了一家农舍,门前搭了个凉棚,并有土墙环绕。凉棚下有一老人坐在板凳上,正逗小孩玩耍。原绢正好在此处脱落,只剩下凉棚一角和老人、小孩,前代裱画未能将画意审识明白,误以为残剩的棚架一角是一头毛驴的两只耳朵,于是便在补绢上主观地添上了一头毛驴拉着板车,这样一来就变成了老太太坐毛驴板车进城了，补绢十分粗糙，接笔又如此的不合理，所以在这次重装中，就决定将这块补绢撤掉，作为资料存入档案，另找一块绢纹绢丝与原作相近似的补上，为了保持原作风貌，同时也决定在此处再不接笔。细心的观众可以发现，20世纪60年代以前和以后出版的《清明上河图》在此处的不同。

象牙席

【清 镇馆指数★★★★☆】

中国的象牙制作历史悠久，素以纹质细腻，色泽洁白，雕刻玲珑，编织精巧著称。其中象牙席的制造技术尤为精湛。清代制造的象牙席，堪称杰作，流传至今仍洁白、柔润。席面上的象牙劈丝细薄无比，令人惊叹不已。制造象牙席是明清时期广州的传统工艺，目前，象牙劈丝技术已失传了二百余年，流传下来的作品也不多见。故宫博物院保存的象牙制品中，有两张乳白细润、伸缩柔软的编织象牙席。其中一张长216厘米，宽139厘米。象牙席背后整包枣红色绩缎，席的四周沿包蓝色缎边。席面通体编织成

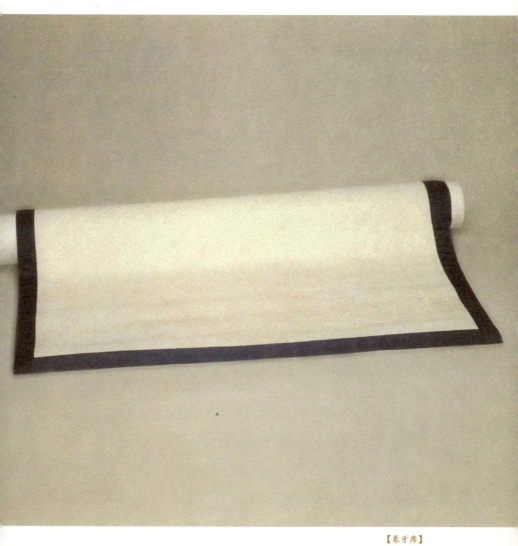

【象牙席】

人字形纹,由薄如竹篾、宽仅0.2厘米的扁平条编织而成。席面虽微有磨损,但仍完好无缺。

象牙席的制作不同于其他象牙制品,程序非常复杂,要先抽丝后编织。传说象牙劈丝织席这项技术早在汉代就有,《魏书·韩务传》载:"韩务除邹州刺史,献七宝床象牙席。"明代文人祝京兆在他所著的《野记》中,也曾记载:"凡象牙齿之中悉是逐条纵攒于内,用法煮软,牙逐条抽出之,柔韧如线,以织为席。"说明了象牙席制作之精和它的工艺之复杂。清代广州作坊的象牙艺师们,利用象牙细致的纹理与不易碎的韧性原理,将用药水浸泡过的象牙劈成厚薄宽窄均匀的薄片,磨制到牙片呈现出洁白的光泽为止,然后编织成各种饰物。

用象牙编织的席,纹理细密均匀,席面平整光滑,柔软舒适,收卷自如,夏天铺垫时较草席、竹席更为凉爽宜人,是当时的重要贡品。据文献记述,明清两代帝王纵情于物质享受,在历史上是很典型的,他们把大批优秀工匠从各地集中在自己宫院中驱使劳作。尤其在雍正以后,宫廷内象牙雕工匠的数目每年都在不断增加,他们制造了很多精美绝伦的工艺品供帝后们享乐。不仅如此,南方的各个作坊还要按制定时限向宫廷进贡所需物品，象牙席就是这样由广州贡入宫廷的。据清宫内务府造办处档案《各作成做活计清档》所载：雍正六年(1728年)"圆明园来帖内称，本月初四日太监张玉柱、王常贵交来象牙席褥四个。传旨：将席子拆下托毡，沼蓝缎边，铺床用。"这四件象牙席褥，一件存放在寿皇殿，一件存放于恩佑寺，另两件留在宫内。

由于象牙席用料多，编织工序艰巨，耗资甚大，劳民伤财，迫使当时当政的雍正皇帝也不得不以躬行勤俭为名，传旨："庚午谕大学士等，朕于一些器具，但取朴素适用，不尚华丽工巧，屡谕旨甚明。从前广东曾进象牙席，朕甚不取、以为不过偶然进献，未降谕旨戒。今则献者日多，大非朕意。夫以象牙编织为器，或如团扇之类，其体尚小，今制为座席，则取材甚多，倍费人工，升奢靡之端矣。著传谕广东督抚，若广东工匠为此，则禁其毋得再制。若从海洋而来，从此屏弃勿买，则制造之风自然止息矣。禁广东象牙席禁民间购用。"(《清实录·雍正实一录》)虽是一番自我表白，想见当时象牙编席之风已兴，若不是因为耗资劳民而影响了其他象牙制品的制作，可能会有更多的牙席流传下来。

据造办处活计档记载，象牙席前后共制有五张，几经战乱，至今只剩下三张。一张为清宫遗存珍品，现陈列于故宫博物院珍宝馆内，1960年对文物定级时，以仅此一件为由，列为国家一级藏品。另一件由山东博物馆从民间征集到，在各省市自治区征集文物展览展出时，曾轰动一时。那张编织象牙席，外有锦缎包裹，用楠木盒盛装，从锦缎和象牙席编织风格看，显然是五张象牙席中的一件。第三件就是前面介绍过的这件，是1977年故宫博物院文物保管工作者在清理台湾草席文物时，从杂堆着的破卷之内发现的。细心的工作人员将席展开逐张验看，揭去霉烂不堪的破套，发现了与众不同的象牙席，在场职工均为之一振。这一发现，为国宝中又增添了一件珍品。象牙席因何而混杂于草席之内，众说不一。有的说可能从前的人在存放时不识货，故而把它当成了竹席或者是草席。有的则说：是清末宫内太监、官吏想把它混杂于草席之中一起盗出宫去。当然，后一种说法相对比较可靠。牙丝的光泽和色彩与草丝、竹丝截然不同。竹丝片发青或发黄，草丝呈枯黄，而牙丝片则是乳白色，自然的纹理细润光洁；此外，宫里对象牙席的保管有严格的注册和专门的库藏，如不是别具用心，是绝不会与其他类别的收藏品混杂在一处的。至今五张编织象牙席已找到三张，其余的两张有可能在八国联军入侵北京，火烧圆明园时被付之一炬，也有可能被截小改为坐垫，因为在档案中也曾有将碎席托毡沿边改做坐垫的记载，前后共有八片。

大禹治水图玉山

【清乾隆　镇馆指数★★★★★】

大禹治水图玉山，是我国玉器宝库中用料最宏，气魄最大的玉雕工艺品，也是世界上最大的玉雕之一。玉山系用呈青白二色的名贵密勒塔山和田青玉雕成，重5 350千克。青白玉的晶莹光泽与雕琢古朴的青褐色铜座相配，更显得雍容华贵。

这块重达万斤的巨型玉材出自距北京数千公里之外

【大禹治水图玉山】

的新疆，从开采到运至京城用了数年的工夫，所费人力物力更是数以千计。乾隆皇帝认为这样罕见的大玉材，应该用来表现伟大功业，他最终决定按内府所藏宋人所绘《大禹治水图》上的形象，来雕琢一座高大的玉山。在宫内先按玉山原石的形状，画了四张图样，随后又制成蜡样送乾隆阅示批准，随即发送扬州。因担心扬州天热致使蜡样熔化，又照蜡样再刻成木样，由苏扬匠师历六年时间方琢成。玉山雕成运回北京后，刻字钤印，又用两年功夫，颇费周折，才大功告成。

　　大禹治水玉山现在仍安置在乐寿堂后部，玉山上峰岩高耸，古木苍劲，瀑布飞落，又有云雾升腾至山顶。玉山上下三五成群凿石开山的劳动场景富于戏剧性，共有十几处，工匠们分别使用不同器械劳作，像是古代开凿技术的大会演。但玉山上部的情形则更富浪漫气息，不仅有奔跑跳跃的麋鹿和猿猴，有快要登上巅峰的老者及仆从，更有神仙以雷火来助开山。玉山背面铭刻着乾隆皇帝为这座伟大的玉山所作的长诗及注文。玉上雕有峻岭、瀑布、古木苍松。在山崖峭壁上，成群结队的劳动者在开山治水。玉山正面中部山石处，刻乾隆帝阴文篆书"五福五代堂古稀天子宝"十字方玺；背面上部阴刻

【大禹治水图玉山】局部

乾隆帝《题密勒塔山玉大禹治水图》御制诗，下部刻篆书"八徵耄念之宝"六字方玺。以剔地起突的雕琢法，巧妙地结合材料的原有形状，灵活安排山水人物，在山巅浮云处，还雕成一个金神带着几个雷公模样的鬼怪，仿佛在开山爆破，使这件描写现实的作品，具有了浪漫主义的色彩。

大禹治水题材取自我国上古传说，当时整个中华大地洪水泛滥，大禹率领民众，与洪水斗争，最终获得了胜利。面对滔滔洪水，大禹从鲧治水的失败中汲取教训，改变了"堵"的办法，对洪水进行疏导，表现出他的聪明才智；大禹为了治理洪水，长年在外与民众一起奋战，置家庭于不顾，"三过家门而不入"，公而忘私、把个人的一切献身于公共事业之中。大禹因治水成功，成了民众心目中的英雄。舜在挑选继承人时，自然就选中了禹。经舜举荐，禹成了部落联盟的大首领。可贵之处是，大禹治水的故事中没有率民逃避、消极逃亡的内容，而是积极组织大家去治理洪水，一心一意地降服水患，这种精神是感人的，也是很伟大的。从这里也可以看出中华民族的勤劳、勇敢、坚毅不屈的民族精神。制作这样一个巨型玉雕，既有乾隆以千古圣君自居也有其以大禹的事迹自勉的含义。

乾隆五十二年（1787年），巨大的玉山最后安置在乾隆皇帝为自己建造的太上皇寝宫——乐寿堂中。帝王用它来夸饰丰功伟业，但有意无意之间，在光滑温润的青玉上，一个个精致工巧的劳动场景似乎影射出一个古老民族勤劳自强的伟大灵魂！

各种釉彩大瓶
【清乾隆　镇馆指数★★★★★】

紫禁城作为明清两代皇室的生活起居场所，自然留存了数量巨大的官窑瓷器，其中尤以清代康熙、雍正、乾隆三朝烧造的景德镇窑瓷器为大宗。这件各种釉彩大瓶就是集康雍乾三朝最高工艺技术于一身的代表之作，是我国陶瓷史上不可多得的珍宝。

器身自上而下装饰的釉、彩达15层之多。所使用的釉有仿哥釉、松石绿釉、窑变釉、粉青釉、霁蓝釉、仿汝釉、仿官釉、酱釉等。各种釉色大瓶几乎包含了所有的釉彩品种：釉上之彩——金彩，用大蒜汁调金描绘，然后再入窑烧，永不复脱；珐琅彩，清宫端凝殿里特藏的彩瓷新品种，将金属胎画珐琅的珐琅彩料，移植到瓷胎上的一种瓷器装饰技法；粉彩，渲染出的色流之明暗，赋予每一种颜色不同层次的变化，艳丽而清逸；釉下之彩——青花，白地蓝花，钴料带来的脱俗、柔美，给人以明净之感；斗彩，釉下青花与釉上彩相结合的彩瓷品种，可谓瓷中最美的繁花。

主题纹饰在瓶的腹部，为霁蓝釉描金开光粉彩吉祥图案。所谓开光就是在瓷胎上用界框留出矩形或圆形的空白，留待画师作画的区域。这件宝瓶共有12个开光，有的开光里的图案都有一个吉祥的寓意，比如三头山羊寓意"三阳开泰"；以一儿童执戟，戟上挂鱼，另一手携玉磬的花纹表示"吉庆有余"；一株盛开的牡丹和腾空的凤凰意取"丹凤朝阳"；以博古瓶和大象预示"太平有象"；还有比较写实的"仙山琼阁"、"博古九鼎"，其余6幅为锦地"卍"字、蝙蝠、如意、蟠螭、灵芝、花卉，分别寓意"万"、"福"、"如意"、"辟邪"、"长寿"、"富贵"。瓶内及圈足内施松石绿釉，外底中心署青花篆书"大清乾隆年制"六字三行款。从烧造工艺上看，青花与仿官釉、仿汝釉、仿哥釉、窑变釉、粉青釉、霁蓝釉等均属高温釉、彩，需先焙烧。而粉彩、珐琅彩、金彩及松石绿釉等均属低温釉彩，需后焙烧。如此复杂的工艺只有在全面掌握各种釉、彩性能的情况下才能顺利完成。

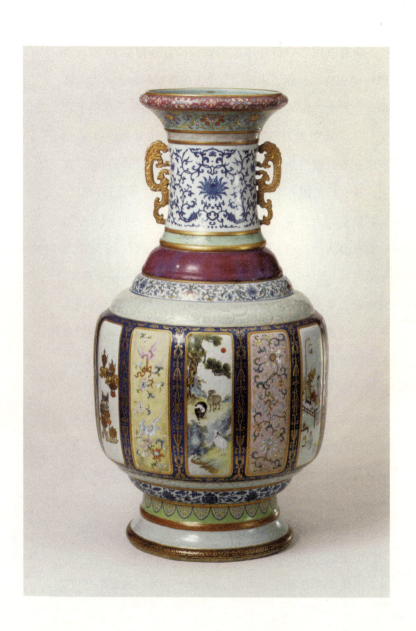

北京市 Bei Jing

25

唐英以内务府员外郎职到景德镇督办官窑 30 年，至 1756 年去世，开创了中国陶瓷史上最辉煌的篇章。瓷母就是这一时期的作品，此瓶集高温低温色釉和釉下彩釉上彩于一体，其烧造工艺繁复至极，至今无法复制。唐英 13 岁起在养心殿当杂役，他善画能诗，还擅长编写剧本。雍正六年，唐英因办事干练受到赏识而被派驻景德镇御窑厂监督窑务，当督陶官年希尧的助手。他用 3 年时间，谢绝一切社会活动，和工匠们同吃同睡，苦心钻研。在雍正九年的时候，他已经从一个外行变成技艺精湛的陶瓷业专家。在乾隆二年，唐英成为正式的督陶官。乾隆时期，陶瓷生产的管理更为严格，尤其是对督陶官的要求甚严，颇似今天的问责制。那时候，即使像唐英这样的人也会动辄受罚。乾隆十三年，年已 66 岁的唐英呈进瓷器都是旧时形制，没有创新之处，乾隆一气之下不准这批瓷器报销。结果，这次烧造的 467 件瓷器，所有的费用全部由唐英自掏腰包。他督导陶务前后 20 多年，在这期间景德镇所制的陶瓷被后人公认是瓷中珍品，无论在品种的仿古创新方面还是在器物的制作技艺方面，都达到了空前的水平，唐英因此成为历史上最不同凡响的督陶官。

清代乾隆时期历时 60 年，是封建社会发展的太平盛世。

此时，由于乾隆皇帝嗜古成癖，对瓷器情有所钟，再加之督陶官唐英对景德镇御窑厂的苦心经营，一大批身怀绝技的名工巧匠汇集于景德镇，致使御窑厂的瓷器生产无论在数量还是质量上都达到前所未有的水平。特别是各种新奇的制品层出不穷，其工艺技术之高可谓鬼斧神工。这件各种釉彩大瓶，集各种高温、低温釉、彩于一身，素有"瓷母"之美称，集中体现了当时高超的制瓷技艺，传世仅此一件，弥足珍贵。

中国国家博物馆

华北东北博物馆 镇馆之宝

陶鹰鼎

【新石器时代庙底沟文化　镇馆指数★★★★★】

这是一件重要而又别致的陶器，通高36厘米，1975年出土于陕西华县太平庄，为泥质黑陶土制成，属于仰韶文化庙底沟类型晚期器物。此陶鼎采用伫足站立的雄鹰造型。鹰的前胸为鼎腹，饱满粗壮，器口开在鹰的背部。鹰体健硕，双腿粗壮，两翼贴于身体两侧，尾部下垂至地，与两只鹰腿构成三个稳定的支点。鹰的双目圆睁，周身光

北京市 Bei Jing

【陶鹰鼎】

洁未加纹饰，喙部呈有力的勾状。鹰鼎整体结构简洁，体积感很强，鹰的双足和尾部为鼎足稳定地撑住于地，后收的双翅围过鼎的中后部，形成一种前扑的动势，配上鹰头部的大眼、利喙，使这只鹰显得威风凛凛。既强化了雄鹰固有的形神特征，又与陶器的工艺造型取得了和谐统一，是原始艺术与实用功能完美结合的典范，是远古时期不可多得的雕塑艺术珍品。陶尊的口沿内凹，形成一母口，可能还有原配的盖子。

这件器物曾有过好几个名称，除"陶鹰尊"外，也有称作"陶鸮尊"的，还有人称之为"陶鹰鼎"、"陶鹄鼎"等，分歧无非有两点：一是这件陶器是鼎，还是尊；二是这种鸟是鹰，还是鸮。关于前一个问题，近来学者们的看法已趋向于是"尊"，虽然下有三足，而且两鹰足腿部丰满，近似于袋足形状，但三足明显不同，而且上部与鼎的造型相去较远，因此称为"尊"比较恰当；后一个问题，即鹰和鸮的问题，这两种动物同纲不同科。鸮就是我们常说的猫头鹰，喙和爪都弯曲成锐利钩状，两眼不是生长在头部两侧，而是位于正前方，眼四周羽毛呈放射状，形成所谓的"面盘"，从鸟的头部观察，说是鹰比较正确。其实不论是鹰还是鸮，以鸟类塑形的陶器发现还是空前的，这是原始社会制陶工艺的一件杰作。

中原仰韶文化代表了我国母系氏族公社的繁荣时期，氏族成员之间相互是平等的，表现在随葬品方面也是大致相同，但到了晚期就出现了变化，出土陶鹰尊的墓主人，是一个成年女性，不仅在整个遗址中没有发现与陶鹰尊相似的器物，且墓中同出的其他器物也较特殊。这就表明了女主人在氏族中的地位，说明氏族成员中共同劳动、平均享受的原则已经被打破。母系社会正在向父系社会过渡。

彩绘鹳鱼石斧纹陶缸

【新石器时代庙底沟文化　镇馆指数★★★★★】

彩绘鹳鱼石斧纹陶缸，有人称之为陶瓮，由夹砂红陶制成。高47厘米，口径32.7厘米，底径19.5厘米，造型略呈上大下小的直筒形，敞口，厚圆唇，口沿下有4个对称的鹰嘴形泥突，深腹，平底，底部正中有一直径0.9厘米的圆孔。缸身一侧有彩绘鹳鱼石斧图，也有人称之为鹭鱼石斧图。此缸发现于河南省临汝阎村新石器时代文化遗址，属于仰韶文化庙底沟期的遗物，被用作为成年人二次葬的葬具，考古学上称之为瓮棺，从器形上看，此缸没什么特殊的地方，只因器表绘有一幅目前我国新石器时代幅面最大、内容最丰富的鹳鱼石斧画而闻名于世，珍贵非凡。

彩绘鹳鱼石斧图幅面高37厘米，宽44厘米，约占陶缸表面的一半，是一幅很有气魄的大型作品。画面左边为一只衔着鱼的白鹳，全身着白彩，洁白光彩，侧向右而立，圆眸，炯炯有神，细颈长喙，短尾，高足。嘴上衔一尾鱼，身势略向后倾，似乎是衔了一尾重量相当的鱼的缘故，昂头扬颈，显然有点胜利者的高傲神态；白鹳所衔之鱼，以简洁的线条勾画出头、身、尾、眼和背腹鳍等，但不画鳞，鱼身僵直，眼珠小而无神，显得奄奄一息。画幅右边为一竖立的带柄石斧。石斧为圆弧刃，斧身中间穿一圆孔，系用于斧身插入木柄后穿系绳带以捆扎固定；斧柄甚粗，装饰讲究，在中间用黑彩画一叉形符号，与西安半坡和临潼姜寨仰韶文化陶器上发现的一种特意标志符号相似，不应是一般的装饰，柄下端绘饰网格纹。斧柄与石斧的结合方式，画中表现得不清楚，似乎是把石斧插入柄内，再用绳索绑住，这种装柄方式，已在江苏海安县青墩新石器时代遗址中发现。

把鹳鸟衔鱼与石斧这两种毫不相关的东西画在一起，

【彩绘鹳鱼石斧纹陶缸】

而且是画在专为装殓死者骨骸的瓮棺上，这不能不引人深思，虽然也有人认为这可能是偶然的现象。阎村遗址坐落在黄涧河西岸，生活在这里的远古居民看到河边白鹳衔鱼的景象，便绘下了这幅千年佳作。可是多数人并不认为它是一件一般的艺术作品，而是远古居民某种社会思想意识的反映。

白鹳衔鱼是死者所属氏族崇拜的图腾，把石斧与它放在一起，是表示死者的亡灵携带着自己的工具或武器回归于本氏族图腾神的故地；也有人认为，古代民间有以"鱼"来做配偶、情侣和婚姻的象征的习俗，往往将一对情侣或夫妇的一方比作鱼，将另一方比作食鱼的鸟类，这里的白鹳衔鱼则是表示两个分别以白鹤和鱼为图腾的氏族，结束了它们之间的争斗，并通过建立起相互间的通婚关系缔结了和约；再有一种意见认为，彩陶缸为当地一位部落酋长的瓮棺，画上那件制作考究的带柄石斧，可能是酋长生前的使用物，它并非是一般的普通工具或武器，而是一件能代表身份和权威的东西，而白鹳和鱼则各为两个氏族的图腾，白鹳为死去酋长本人所属氏族的图腾，鱼为其敌对氏族的图腾。白鹳氏族曾在这位酋长的领导下，与鱼氏族进行过长期的斗争，最后取得了决定性的胜利，当这位酋长

【彩绘鹳鱼石斧纹陶缸】（局部）

死去时,白鹳氏族的人为了纪念他的功勋,便在他的瓮棺上画了这幅纪事画。画面上,白鹳画得雄壮有力,衔敌傲立,气势高昂,而鱼却画成苍白无力,俯首就擒的形象,明显反映出胜者与败者的不同形象。这个解读是很有道理的。

总之,这幅白鹳衔鱼石斧图表现的内容十分丰富,且深刻复杂,充满了写实精神和宗教神秘色彩。它画在瓮棺上,既是"墓志铭",也是"纪事碑",使这件陶缸成了可与印第安人的图腾柱相媲美的东西。对图画所含内容的解读,将是学者们深入研究的课题。

后母戊鼎

【商代晚期　镇馆指数★★★★★】

后母戊鼎是商代后期的青铜重器,于1939年3月出土于河南安阳侯家庄武官村。此鼎形制雄伟,重832.84千克,高133厘米、口长110厘米、口宽79厘米,是迄今为止出土的最大最重的青铜器。鼎身呈长方形,口沿很厚,轮廓方直,显现出不可动摇的气势。在细密的云雷纹之上,各部分主纹饰各具形态。鼎身四面在方形素

【后母戊鼎】

【彩绘鹳鱼石斧纹陶缸】（局部）

面周围以兽面纹作为主要纹饰。在方鼎的四角，则以突起的扉棱装饰，扉棱之上面是牛首纹，下面仍是兽面纹。鼎耳外廓有两只猛虎，虎口相对，中含人头，显得神秘乖张。有学者认为，这种艺术表现的是大自然和神的威慑力。耳侧以鱼纹为装饰。四只鼎足的纹饰也匠心独具，在三道弦纹之上各施以兽面。据考证，后母戊鼎应是商王室重器，其造型、纹饰、工艺均达到极高的水平，是商代青铜文化顶峰时期的代表作。

此鼎器形庞大浑厚，其腹部铸有"后母戊"三字，亦有人释作"司母毋"，是商王祖庚或祖甲为祭祀其母所铸。后母戊鼎的鼎身和鼎足为整体铸成，鼎耳是在鼎身铸好后再装范浇铸的。铸造这样高大的铜器，所需金属料当在1000千克以上，且必须有较大的熔炉。后母戊鼎充分显示出商代青铜铸造业的生产规模和技术水平。20世纪70年代，我国古文字学界有专家对司母戊鼎的铭文提出了一种新考释观点，将"司"字改释为"后"。因为商代的文字书体比较自由，可以正书也可以反书。有关专家认为在这里表示墓主人的身份，释为"后"字似乎更加妥帖。

1946年10月底，适逢当时蒋介石60寿辰，河南方面用专车把后母戊鼎运抵南京作寿礼，蒋介石指示将其拨交南京中央博物院筹备处保存。1948年该鼎在南京首次公开展出，蒋介石亲临参观并在鼎前留影。新中国成立后，后母戊鼎于1959年入藏中国历史博物馆，即现在的中国国家博物馆。

自从安阳小屯村发现甲骨文之后，质朴的当地农民逐渐意识到殷墟文物的价值，于是积极参加了探寻文物的活动。1939年3月的一天上午，吴希增在吴培文的田地上用探杆探找文物，当探杆钻到地下十多米深的时候，触到一个硬物，吴希增将探杆取上来一看，发现坚硬的探头卷了刃，他意识到探到宝物了。挖掘工作是在半夜时分秘密进行的，下挖到约10米深时，整个器物显露出来。当时，大方鼎的口朝东北，柱足朝西南，横斜在泥土里，大如马槽。经过三个多昼夜的劳作，这个特大方鼎终于被弄出了地面。

方鼎的出土始终是在极为秘密的情况下进行的，但是消息最后还是泄露了出去。不久，驻安阳飞机场的日军警备队长前来"参观"。之后北平一位古董商也秘密造访，并表示愿出20万银元购买，但要求村民将鼎砸成四至十块，以便分批装箱运走。村民受20万银元诱惑，真的开始肢解方鼎，先是用钢锯条锯，但由于方鼎的硬度高，没锯动。后来，村民望着被折磨得伤痕累累的大鼎，心想把这样精美的前世流传方鼎破坏了太可惜，于是回心转意，停止了肢解，又将方鼎埋入地下保存了起来。后来，消息传到日伪宪兵队，宪兵队多次前往搜寻。村民为了防止宝物被日本人抢去，采取了迷惑敌人的办法：将方鼎转移到较远的地方埋藏起来，而在原来埋藏方鼎的地方，埋藏了别的出土文物。日本宪兵找到这一埋藏地点，将这批文物抢劫而去，而方鼎由此得以保存下来。中华人民共和国成立后该鼎存于南京博物院，1959年转交中国历史博物馆至今。方鼎失去的一只鼎耳至今没有找到，我们今天看到的两只耳完整的大鼎，就是有赖于专家按照仅存的一只的模样，复制后修复上去的。

四羊方尊

【商代晚期　镇馆指数★★★★★】

在司马迁的《史记》中，夏、商、周三朝出于同一个祖先，活动区域都在中原的河洛之地，所以人们历来把黄河流域看做是中华文明的摇篮。那么，在黄河文明崛起的同时，长江流域是否有文明存在？当地的社会状况又是如何？《史记》很少提及。只是在《周本纪》记载"太伯奔吴"时说当地的土著居民"断发文身"，似乎还在文明未开的时代。司马迁关于中华文明起源"一元论"的说法，有人比喻为"一棵大树说"，中华文明犹如一棵大树，黄河文明是树干，其他地区的文明则是树枝，是从黄河文明派生出来的。这种说法影响相当深远。

古人把王朝的中心地区称为"王畿"，王畿之外的广阔地区则划分为不同的"服"。《尚书·禹贡》以王畿为中心，以每五百里为一段，由近向远依次为甸服、侯服、绥服、要服、荒服等五服。荒服是离王畿最远的"化外之域"，其中靠近要服的三百里是蛮荒之地，其余二百里人迹罕至，是流放罪犯的地方。长江以南的湖南、江西、安徽、江苏、浙江等地，就是当时人们心目中的"蛮荒服地"。

20世纪后，随着中国田野考古学的飞速发展，中原以外广大地区的考古发现日新月异，许多传统的说法受到挑战。关于中华文明起源的问题也出现了新的理论，著名考古学家苏秉琦先生提出了中华文明起源的"多元论"，有人喻之为"满天星斗说"，即黄河、长江、珠江等流域都是与黄河文明并行发展的古文明地区。"一元论"和"多元论"究竟孰是孰非？拨动着历史学家和考古学家探索的心弦。

1938年，湖南宁乡县黄村月山铺转耳仑的山腰上出土了一件青铜尊。尊是古代盛酒的器皿，一般呈圆形，而这一件却呈方形，在当时比较少见。尊的设计相当奇特：上部的尊口，呈外侈状正方形，边长接近于器身的高度，舒展豪放；颈部布满浅雕的蕉叶、夔纹和兽面纹。尊的中部是器的重心部位，四角各塑一羊，分别以棱线为中轴线，向两侧布图，生动活泼，不落俗套。羊头和卷曲的羊角用圆雕法铸成，突出于器外，栩栩如生，呼之欲出。尊体四面的正中，即两羊毗邻之处，各安排一双角龙首，使画面富于变化，错落有致。羊身饰以鳞纹、饕餮纹等纹样。尊的下部，八条浅浮雕的羊腿呈外撇状，镶入方形的圈足，既与上部的方形尊口相呼应，又增强了器身的稳定感。尊

【四羊方尊】(局部)

是采用二次铸造法制作的，即先铸羊角和龙首，然后镶嵌在陶范内的羊头上，再与器身一起合范浇铸，但宛如一气呵成，令人叹为观止。方尊的四角和四面中心的合范处，均设计成为造型精美的长棱脊，增加了铜器的装饰效果。这件铜器就是名闻世界的国之瑰宝"四羊方尊"。

四羊方尊的造型和铸造特征与安阳殷墟出土的青铜器完全一致，是一件典型的商代青铜器。但是，湖南这样的"荒蛮服地"怎么会出土如此精美的商代铜器呢？王国维在谈到商代文明的范围时曾说："卜辞所载地名，大抵在大河南北数百里内。"范文澜在《中国通史简编》说，殷王朝的全盛时期，"大部分在当今河南全部及山东、河北、山西、安徽、陕西等省的一部分。"学术界一般认为，商文化往南达到淮河流域，不可能不过长江。那么怎样解释四羊方尊在宁乡出土的现象呢？有人说，四羊方尊是殷代奴隶主由北方带来，而在殷王朝覆灭前奴隶主准备逃亡时被埋藏的；也有人说，四羊方尊可能是明清之际张献忠起义时带来此地的。还有人干脆否认四羊方尊是商代之器，认为是春秋时的器物。但也有人指出，宁乡地区可能是商代的一个方国，四羊方尊是当地制作的器物。

根据近几十年在南方的考古发现，一个商周时期与中原一样繁荣的"南方中国"渐渐浮出水面。盘龙城这座位于湖北黄陂的南方方国遗址，其面貌与郑州等地的同时期遗迹十分相似，证明最迟在商代中期，商文化已经到达长江边上；江西吴城遗址的出土器物既有与中原商文化相似者，也有富于地方特色者。专家对于吴城文化的归属有不同意见，有人认为是商代遗址，有人认为是古代越族建立的方国。不管怎样，这一大规模的商代遗址的发现，已使商文化不过长江之说不攻自破。在中国的青铜时代，江南地区已经出现了与中原文化同样先进的文明，并已进入文明社会，建立了国家。吴城文化是赣江中下游地区一支受到中原商文化强烈影响的土著青铜文化。新出土铜器如此集中，形制如此新奇，工艺如此先进，在江南地区商代铜器中尚属罕见。由此，学术界对商代历史文化的评估，尤其是当时江南地区的文明程度，将要重新定位。或者在更为广泛的江南地区深藏着的商代遗址一旦重见天日，商代文明的冰山将浮出水面，那时，我们面对的情景会是怎样的壮丽，真是令人浮想联翩。

孝靖皇后凤冠

【明　镇馆指数★★★☆】

凤冠，是古代妇女首饰中最华贵的一种装饰。虽然早在汉代即已出现，但现在所能见到的完整实物，大多属于明代。1958年7月，北京定陵打开了神秘的地宫大门，在后殿宝床上的梓宫旁边，出土了明万历皇帝孝端、孝靖皇后的四顶凤冠，原来都装在六角朱漆箱内，然后再盛放在朱漆木箱内。由于长期的埋藏，使原来凤冠上镶嵌的翠珠都散乱了，在将它们按照原貌修复后，首次向人们展示了明代帝后凤冠华美瑰丽的艺术风貌。

孝靖后王氏，为万历帝朱翊钧元配。万历六年(1578年)14岁的孝靖被选进内廷，为慈宁宫宫人。万历十年(1582年)六月册封为恭妃，生子朱常洛(即光宗泰昌帝)。万历三十四年(1606年)，她得了孙子，于是加慈圣徽号，封皇贵妃，五年后病死，年仅47岁，死后葬在天寿山东井平冈地。万历四十八年(1620年)，孝端后王氏及万历帝死后，才从东井迁葬定陵。定陵出土了孝端、孝靖凤冠各2件，分别为3龙2凤、12龙9凤、9龙9凤和6龙3凤。随葬时装在八角形的朱漆匣内，然后分别装入4个随葬的

华北东北博物馆 — 镇馆之宝

【孝靖皇后凤冠】

器物箱中。根据洪武、永乐定制，皇后凤冠为9龙4凤，而出土实物与定制均不符，可知万历时冠服制度已有所变化。

此件孝靖后王氏凤冠，现藏中国国家博物馆。高27厘米，口径23.7厘米。冠框用细竹丝编制，然后髹漆，覆以丝帛面料。凤冠正面最上一圈饰9条等大的腾云金龙，均口衔珠滴，珠滴由两颗珍珠与两颗宝石穿插而成，龙脚下镶嵌一排8颗宝石。与金龙穿插对应的为8只金凤，金凤亦口衔珠滴，凤下镶嵌四排宝石，三排在冠盖，一排在前沿，上两排嵌宝石8颗，下两排嵌宝石7颗，宝石周边均以珍珠圈成花纹。凤冠后侧正中亦有衔珠滴金凤一只，两侧各嵌1颗宝石，下嵌5颗，底部左右各饰点翠地嵌金龙珠滴三博鬓，共六扇，每扇博鬓嵌有龙2条，宝石3颗，行走时博鬓会展开。冠后沿有5颗宝石，冠顶有7颗。龙用金丝堆累工艺焊接，通体镂空，富有立体感；以珍珠串接装点宝石和勾勒花纹，可谓琳琅满目，熠熠生辉。而这件凤冠以绿色为底，红色为边，缀以蓝色流云和凤凰，尽显光彩，富丽堂皇。

从孝靖皇后凤冠式样看，基本上承袭了宋代皇后用金与宋代皇后画像戴的龙凤花钗等肩冠式样。但画迹只能反映出部分真实。定陵凤冠的出土，使我们对凤冠的做法、规格以及工艺成就，有了较多的了解。

　　此冠装饰华丽，在满饰珠宝点翠如意云片间，装饰九龙九凤，使整个凤冠龙凤飞舞，珠翠环绕，宛如金龙升腾，奔跃在云海之上，翠凤展翅，翱翔于珠宝花丛之中，金翠交辉，富丽堂皇，令人叹为观止，为明代文物中的稀世之宝。

首都博物馆

北京市 Bei Jing

景德镇窑青白釉水月观音菩萨像

【清 镇馆指数★★★☆☆】

青白瓷是宋代景德镇窑创烧的釉色品种，又称影青，青中泛白或白中闪青，是介于青白之间的一种釉色。釉面莹润如玉，扣之声音如磬，多以刻花、划花及印花等手法进行装饰，并有各种各样的瓷塑。元代，瓷业产区景德镇设浮梁瓷局，专门生产宫廷及皇家用瓷，烧造出了一些艺术水平较高的青花瓷，国家也对景德镇制瓷业进行了统一管理，促进了元代瓷业的发展。

　　首都博物馆藏青白釉水月观音菩萨像就是元代景德镇窑烧造瓷塑的精品。瓷塑的烧造是一个较为复杂的过程，面部大多采用模印法塑造，头部以工具刻划出发丝，身前璎珞纹采用联珠装饰贴塑而成。水月观音菩萨像的制作采用了模印、刻划、贴塑等多种工艺相结合的手法，充分表现出元代瓷塑的特点。这件瓷塑像高67厘米，1955年出土于西城区定阜大街西口。菩萨像头戴宝冠，宝冠上有小化佛，已残。额头宽阔，双目微闭，端庄慈祥，气质高雅。右腿支起，左腿下垂，右臂放在右膝上，神态优美，这种姿势的观音一般称为水月观音。观音上身穿袈裟，下身着长裙，胸前及衣裙上饰联珠璎珞，手腕戴臂钏，全身装饰十分繁缛。通体施青白釉，釉色白中泛青，胎质洁白细腻。菩萨像姿势自然优美，呈观水中月姿势，故称水月观音。

　　"水月"意为"水中之月"，在佛经中寓意佛法皆无实体。身后的一轮圆月可以说是水月观音的标志。水月观音在早期佛教经典中并没有出处，是佛教传到中国后，与中国本土文化融合而产生的。五代时期所见的水月观音为男性形象，面部有胡须。宋代人们对水月观音的崇拜已深入到民间各个阶层，表现形式多种多样，所见水月观音形象已演

【景德镇窑青白釉水月观音菩萨像】

变为女性形象，面容娇美，体态婀娜多姿，雍容典雅，充满了智慧和慈爱。水月观音之由来，目前学术界一致认为与中唐画家周昉有关。周昉根据玄奘《大唐西域记》记载的布呾洛迦山中的观自在菩萨，而"妙创水月之体"。这一艺术形象，很快在各地流传开来，成为后世三十三观音之一。晚唐、五代时期水月观音像已在各地寺院壁画中能够见到。北宋以后水月观音的影响日渐扩大，成为后世观音造像最常见的表现形式之一。首都博物馆所藏的这件水月观音像，将观音菩萨自在安详的宗教气质和内涵表现得淋漓尽致，体现了元代景德镇高超的瓷塑水平。

元代元世祖信仰藏传佛教，将藏传佛教视为国教，于是在全国范围内广建寺庙，塑造佛像。同时在景德镇和龙泉窑也烧造了大量的瓷质佛像，如释迦牟尼佛像、观音菩萨像、佛龛等，水月观音菩萨像便是在这种背景下产生的。

【景德镇窑青白釉水月观音菩萨像】（局部）

袁江骊山避暑图轴

【清 镇馆指数★★★☆☆】

"界画"是中国绘画颇具特色的一个门类。界画适用于画建筑物,作为中国画画种,界画是指绘画中采用界笔直尺、用界划的方法所绘的画。界画与其他画种相比,有一个明显的特点,就是要求准确、细致地再现所画的建筑等对象,分毫不得逾越。界画的重要意义在于它科学地记录下古代建筑以及桥梁、舟车等交通工具的样貌,较多地保留了当时的生活原貌,其意义已突破了审美的范畴。界画起源很早,晋代顾恺之有"台榭一足器耳,难成易好,不待迁想妙得也"的语录。到了隋唐时代,界画已经画得相当好,经过宋、元、明三朝的传承,发展到清代成为中国古代界画发展史上的绝响。以袁江为代表的聚集在江南一带的界画家,他们或师承、或朋友,勇于探索、创作活跃,是清代中前期界画创作的主流。

袁江(1662—1735年)字文涛,号岫泉。江都(今江苏扬州)人。是中国绘画史上有影响的宫廷画家,专工山水楼阁界画。雍正时,召入宫廷为祗侯。在清康熙、雍正、乾隆时期,楼阁工整山水当以袁江最有名。他擅画山水、

【袁江骊山避暑图轴】

楼台、师法宋人。山水画主要学宋代闫次平,画石多鬼皴;楼阁主要学郭忠恕,工整严密。他的绘画素材多为古代宫苑,尤长于界画。画艺师从仇英,山探郭忠恕笔法及赵伯驹、刘松年等青绿山水一脉,同时传工界画,成为清代推崇为第一的界画家。袁江的作品从画风上分有精笔和细笔两路。大部分是工整细致一路的，有少量的用笔粗放一些。袁江除工山水楼阁界画外，还兼作花卉，并也流传下来一些作品。

他的大幅精品代表作《骊山避暑图》，以唐玄宗在陕西临潼骊山华清池避暑游乐为题材，描绘出华丽的楼台殿阁，散缀于山石巨岭之间的古树，山下整片的湖水。整个画面构图繁复，场面宏大，局部精细入微，最引人注目是建在深山中的宫殿。设色极为浓重，鲜艳夺目。充分发挥了我国工笔山水画工整严谨、色彩鲜明、华贵典雅的特点。

华清池作为古代帝王的离宫和游览地有三千多年的历史，周秦汉唐等历代帝王都在这里修建过行宫别苑。夏天时这里得益于骊山上繁茂的植被，所以十分凉爽，冬天利用温泉水在墙内循环制成暖气，每当雪花飘舞时，到了这里便落雪为霜，适宜在此赏景避寒。其中飞霜殿原是玄宗和杨贵妃的寝殿，白居易《长恨歌》就写道："春寒赐浴华清池，温泉水滑洗凝脂。侍儿扶起娇无力，始是新承恩泽时。"

北京市 Bei Jing

紫檀描金七重檐宝塔
【清　镇馆指数★★★☆☆】

紫檀是世界上最名贵的木材之一，主要产于南洋群岛的热带地区，其次是交趾。我国广东、广西也产紫檀木，但数量不多。印度的小叶紫檀，又称鸡血紫檀，是目前所知最珍贵的木材，是紫檀木中最高级的。常言"十檀九空"，最大的紫檀木直径仅为二十厘米左右，其珍贵程度可想而知。

【紫檀描金七重檐宝塔】

这对紫檀描金七重檐宝塔,就是当年乾隆皇帝为其生母皇太后钮钴禄氏 80 大寿准备的寿礼,因钮钴禄氏信奉佛教,故七重檐宝塔在设计上借用了佛经:救人一命,胜造七级浮屠之意。宝塔共分八面,设四十八位佛龛,原置佛像四十八尊且逐层大小不一,其工艺精绝,令人叹为观止,足见乾隆皇帝对其母亲的敬孝之情。此塔工艺之精绝,令人叹为观止,尤其塔檐呈弧形下滑上翘,没有极高手艺实难完成。这对紫檀宝塔原存于紫禁城,后来宝塔流失英国上百年。观复博物馆馆长马未都在苏富比拍卖会上拍下此物后,将其放置观复古典博物馆内,使得这件宝物得以跟中国的观众见面。

  紫檀家具是一种根植艺术与沉淀灵性和个性的古典精品,无论时代如何风云变幻,紫檀家具这种根深蒂固的古典荣光与时代的激情总是交相辉映。紫檀是世上最稀少、最名贵的木种之一,具有硬、香、色泽与纹理好的特点,它作为家具中的顶级材料,制造出的紫檀家具在木质纹路、雕刻花纹、图案和颜色方面极具天然独特,重于文物和收藏,讲究家具装修艺术的中国人更是对其情有独钟。值得一提的是,紫檀固然珍贵无比,但并非所有的紫檀家具都具有艺术收藏价值。时值至今,其中"花梨纹紫檀"一直是艺术界和收藏界达成共识所承认的珍贵紫檀,其纹理长,呈一缕缕扭曲纹丝状,极像牛背上的毛,故又称之为"牛毛纹紫檀"。用其制造的家具,特别是明清时期制造的紫檀家具,在造型、结构、工艺、装饰等方面都讲究尽善尽美,所以极具艺术价值和收藏价值。明清时代的紫檀家具,是中国文化的重要组成部分,是一部"木头构成的绚丽诗篇"。

华北东北博物馆 — 镇馆之宝

保利艺术博物馆

偁季鸟尊

【西周　镇馆指数★★★★☆】

2004年，北京保利艺术博物馆从海外重金征集回一件西周青铜重器——偁季鸟尊，这件鸟尊无论是体量、工艺还是其本身所蕴含的历史文化价值，都堪称价值连城的国宝。鸟尊通高49厘米，身长41厘米。通体表现一只昂首挺立的凤鸟形象，其头顶花蕾状高冠，双睛圆而鼓，勾喙前伸，双翅上呈，长尾披垂，气宇轩

【偁季鸟尊】

昂，卓然不凡。凤鸟的背部设置圆拱形器盖，盖上亦挺立一只小凤鸟，其头顶圭形冠，昂首尖喙，双翅贴伏，长尾下垂，一副神情怡然的样子。大小凤鸟通身均装饰鳞状羽纹等纹样，繁复而美观。尊盖内侧有两行8字铭文："佣季乍祖考宝尊彝"。当时有人认为，这件鸟尊的主人是西周时期分布于陕西、河南地区的高级贵族，但究竟是谁还一时难下结论。直到2005年山西绛县横水西周大墓的发掘，才为这个谜团地解开带来了希望。

山西绛县横水大墓出土了大量青铜器，其中很多青铜

【佣季鸟尊】（局部）

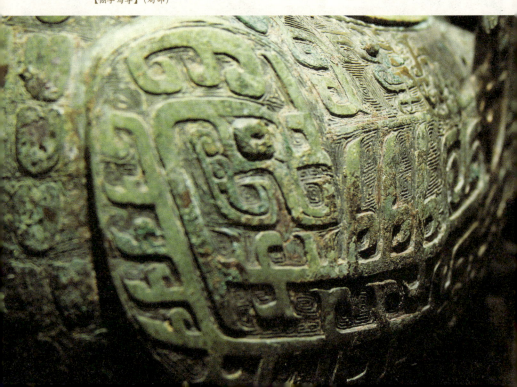

器上都带有"倗"字铭文,据此考古学家勾勒出一个隐没了3000年的古老国度——倗国,也为人们带来了更多的未解之谜:倗国国家疆域何在,它与当时晋国是什么关系,究竟灭亡于何时,凡此种种,都等待我们去解开。然而,在考古人员发掘大墓之前,盗墓分子的黑手就已经伸向了古墓,大量的倗国青铜器被盗卖到海外,上面提到的"倗季鸟尊"就应该是其中之一,"倗季鸟尊"很可能就是于2004年秋以前被盗于横水墓地的。一件国宝文物先是被盗,又被国人买回,在沉睡了3000年后,又经历了重重曲折。

三千年前,我们的祖先格外崇尚凤鸟,商人以此为图腾,有所谓"玄鸟生商"之说;周人则将之视作民族的守护神,视为祥瑞。中国古代青铜文明,始于夏,盛于商周,曾辉煌了10多个世纪之久。因为被用来标示等级森严的礼制,广泛用于贵族阶层祭神享祖、宴飨宾客及礼仪交往等活动,青铜器被称之为礼器或礼乐器,成为当时社会文明的重要标志。几乎每一件青铜器都凝聚了中华祖先的卓越才思与伟大创造,成为不朽的艺术品。说到西周凤鸟尊,以往最有名的当属现藏于美国的两件,但十几厘米的高度显得精巧有余气魄不足,而保利艺术博物馆藏的这件倗季鸟尊以其高大的体量，精美的纹饰，成为目前所见最为精彩的凤鸟形象的立体的青铜尊，也是极为难得的艺术珍品，独步西周一朝。时光虽已跨越了千余载，许多青铜器至今仍具有无穷的艺术感染力，令人为之赞叹，为之叫绝。

豳公盨

【西周中期　镇馆指数★★★★★】

豳公盨是2002年春天，由北京保利艺术博物馆聘请的专家，在海外文物市场上偶然发现后购回的。豳公盨又名遂公盨，高11.8厘米，口径24.8厘米，重2.5千克，椭方形，直口，圈足，腹微鼓，兽首双耳，耳圈内似原衔有圆环，今已失，圈足正中有尖扩弧形缺，盨盖缺失。器口沿饰分尾鸟纹，器腹饰瓦沟纹。内底铭文10行98字。盨是用来盛黍稷的礼器，从簋变化而来，西周中期偏晚的时候开始流行，这件盨也正是这一时期的瑰宝。

专家们认为，这件豳公盨是中国古代西周中期豳国的某一代国君"盨公"所铸的青铜礼器。它是目前所知中国最早的关于大禹及德治的文献记录。专家认为这证实了大

【豳公盨】

禹及夏朝的确存在。铭文中"天命禹敷土,随山浚川,乃差地设征",可以对照《尚书》中的《禹贡》:"禹敷土,随山刊木,奠高山大川。"还有《尚书序》:"禹别九州,随山浚川,任土作贡。" 盨上所铸长篇铭文字体优美;字数虽不算多，但几无废言。铭文记述大禹采用削平一些山岗堵塞洪水和疏道河流的方法平息了水患，并划定九州，还根据各地土地条件规定各自的贡献。在洪水退后，那些逃避到丘陵山岗上的民众下山，重新定居于平原。由于有功于民众，大禹得以成为民众之王、民众之"父母"。铭文并以大段文字阐述德与德政，教诲民众以德行事。铭文中所述"禹"是夏王朝的奠基人。

　　长期以来一直有关于禹和夏朝是否存在的争议，个别外国学者甚至怀疑中华五千年文明史的真实性与可靠性，但是如果没有大禹，便没有大禹之子夏启创建的夏王朝，更没有"华夏"之说。豳公盨铭的发现，将有关大禹治水的文献记载一下子提早了六七百年，是目前所知时代最早也最为翔实的关于大禹的可靠文字记录，充分表明早在2900年前人们就在广泛传颂着大禹的功绩，而夏为"三代"之首的观念，早在西周时期就已经深入人心。

　　德是中国传统伦理中一项重要内容，德治的思想贯穿了整个封建中国。遂公盨铭文中前后六处出现"德"，而且内涵颇为宽泛，如要求民众既要注重自身的修身养性，做人要"齐明中正"。君王及官吏要有德于民，顾念天下黎民百姓，只有这样，百姓才能"好其德"，君王统治才能长治久安，天下才能安定。整篇铭文堪称一篇政论性质的散文，其文辞、体例在两周金文中前所未见，却与现存《尚书》等古代文献十分接近。

北京市 Bei Jing

【豳公盨】（局部）

周口店猿人遗址博物馆

北京人头骨化石

【旧石器时代　镇馆指数★★★★☆】

许多人之所以接受古人类起源于非洲的说法，是因为人们在那里发现了 400 多万年前以及 150 万年到 300 万年前能直立行走的人类化石。50 多年来，中国考古学家先后在云南元谋、陕西蓝田、安徽和县等地发现了 60 多处古人类化石地点以及千余处旧石器时代文化遗址。中国考古学家认为，从以北京人为代表的直立人到现代中国人，中间没有间断，因此中国的现代人类起源于本土的早期智人。北京人作为现代中国人的直系祖先之一，被写入中国历史教科书。

　　周口店北京人遗址是世界上出土古人类遗骨和遗址最丰富的遗址。先后发现五个比较完整的北京人头盖骨化石和一些其他部位的化石，还有大量的石器和石片，超过十万件。这处遗址是 1921 年 8 月由瑞典的地质学家安特生和美国、奥地利的古生物学家师丹斯基发现的，1927 年

【北京人头骨化石】

起进行发掘。1929年12月2日，中国考古学者裴文中在周口店龙虎山山洞里，发掘出第一个完整的头盖骨化石，他兴奋地断定，这是远古人类的遗骨。此后，考古工作者在周口店又先后发现五个比较完整的北京人头盖骨化石和一些其他部位的骨骼化石，还有大量的石器和石片等物品，周口店北京人遗址是世界上出土古人类遗骨和遗迹最丰富的遗址。

北京人的颧骨较高。脑量平均仅1000多毫升。身材粗短，男性高约156厘米，女性约144厘米。前额低平，眉骨粗大，颧骨高突，鼻子宽扁，嘴巴突出，头部微微前倾。北京人是用天然火，所谓的天然火不是人工取的火，而是打雷正好击中干燥的木头，点燃了火，又或者是火山爆发和森林火灾。他们是用灰来保存火种。那一时期他们用火烤东西吃，晚上睡在火边，这样不仅可以取暖，还可以赶走野兽。这些考古发现，为研究北京人的体格形态及劳动、生活情况，提供了宝贵的资料。而在此时期所发掘出来的头盖骨却在1941年时下落不明，成为历史上的一个谜团。现存唯一真标本是1966年从顶部堆积层发现的一个北京人头盖骨的模型。后来又发现了石制品、骨角制品。

1927年后发现的每块化石都被送到北京的协和医学院

保存和研究。1937年卢沟桥事变后,日本军队侵占北京,当时协和医学院是美国的机构,挂有美国国旗,因此成了北京人化石的"保险箱"。到1941年,日、美两国关系越来越紧张,为了使头盖骨不被日寇抢走,1941年2月初,北京人头盖骨被装入两个大木箱移交给即将离开北京撤回美国的美国海军陆战队。但由于同年12月7日爆发了珍珠港事件,日军迅速出动,占领了北京、天津等地的相关机构,北京人头盖骨化石从此失踪。

"巴掌大的额骨,天大的价值","北京人"的发现,被称为"古人类全部历史中最有意义、最动人的发现",是20世纪古人类学界最重要的事件之一。周口店猿人遗址博物馆里这件北京人头骨化石,是国内目前保存的唯一一件50万年前的"北京人"头盖骨化石真品。

华北东北博物馆

镇馆之宝

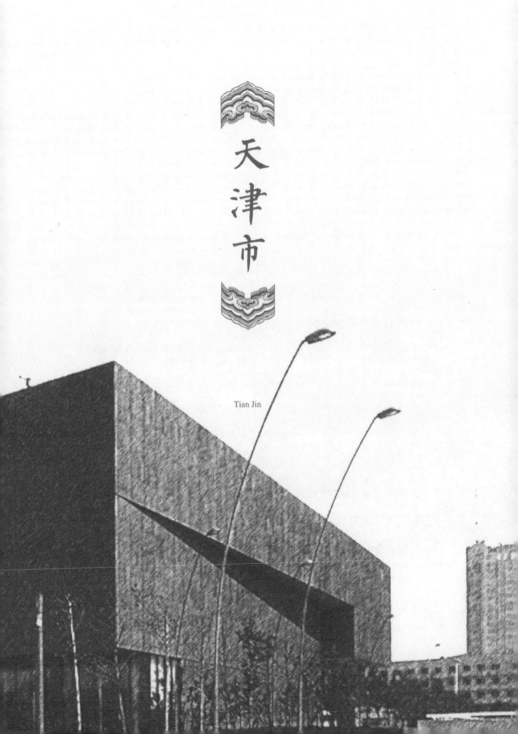

天津市

Tian Jin

华北东北博物馆 — 镇馆之宝

　　天津，北倚幽燕、东临渤海，是一座中西合璧、古今交融、人文荟萃的历史文化名城，是中国较早的开埠城市和中西文化碰撞的前沿。

　　清末至民国，天津出现多位在全国具有深远影响的文物收藏家和鉴赏大家，他们不惜倾注一生心血，致力于古物收藏，殚精竭虑地保护、传承祖国优秀文化遗产。新中国成立后，众多收藏家出于对新中国的热爱和对人民政府的信赖，纷纷化私为公，慷慨捐献累累家珍。无私地把这些珍品捐给天津博物馆。著名的甲骨收藏家王襄将所藏珍贵甲骨800余片出让给国家，包括著名的"商·月有蚀卜骨"；徐世章先生故去后，家属遵其遗愿，将其毕生积聚的古玉、法帖、古砚、字画、图书等2 750件珍贵文物捐献给国家；张叔诚先生曾三次将自己的藏品捐献给国家，其中不乏国之瑰宝，如天津博物馆镇馆之宝《雪景寒林图》等。

　　每当我们流连在博物馆展厅之中，被精美展品吸引的时候，我们都不能够忘记这些捐赠者们，是他们成就了今天拥有如此众多珍藏的天津博物馆，是他们化私为公让我们能够看到这些人类文明遗产。

当我们面对着天津博物馆陈列的五千多年前浇铸的青铜器小克鼎，想象着千年前的工匠对着阳光细细的雕刻着千年后仍让我们迷惑的纹饰，五千年的思想，五千年的心灵就在这一个陶罐电光石火地相通起来。这样的欣喜与叹息，这样的神秘的感应，尖锐到刺通神经，激动到泪湿双目。

华北东北博物馆 — 镇馆之宝

天津博物馆

龙纹铜禁

【西周早期　镇馆指数★★★★☆】

我国古代青铜器中有一种称"禁"的案形器,是周代贵族在祭祀或宴飨时置放酒器的用具。东汉郑玄在为《仪礼·士冠礼》作注时说:"禁,承尊之器也,名之为禁者,因为酒戒也。"禁,就是警戒饮酒者的意思。这其中还有一段历史缘由。文献记载,商人嗜酒成风,到商纣王时期达到顶峰。纣王在国都附近的朝歌修建了离宫别馆,又作

【龙纹铜禁】

"酒池肉林",日夜和他宠爱的妃子妲己以及一些贵族幸臣们酗酒玩乐。荒淫无度的侈靡生活导致了牧野之战的彻底失败,商王朝被崛起于西北地区的周武王所灭。西周建国后,总结前朝的经验教训,认为商亡国的原因之一就是商人嗜酒酗酒。西周王朝为维护其长期统治,坚决禁止周人酗酒。酒要饮,又不能失度,所以,就把这种盛放酒器的案形器叫做"禁"。

西周铜禁造型端庄，纹饰瑰丽。古代贵族在祭祀、宴飨时使用的"禁"多用轻便的漆器来制作，当时铜禁的数量非常稀少，而能够保存到现在的铜禁就更少，而这件铜禁为西周制品，年代很早，是研究中国青铜禁的珍贵实物资料。西周铜禁四面饰夔纹，纹饰生动，为扁平立体长方形，中空无底。这件青铜器从造型上看很像一个桌子，禁面上三个突起的椭圆形子口，分别放置盛酒器。前后壁各有十六个长方孔，左右壁各有四个长方孔，禁上四周饰夔纹一道，制作精良。这件铜禁1926年在陕西省宝鸡县斗鸡台戴家沟出土。到目前为止，能看到著录的西周青铜禁总共只有四件，都是从宝鸡戴家沟墓地出土的。可惜存世的只有两件，另一件现存于美国大都会艺术博物馆。传世和考古发掘的禁很少，除却天津博物馆所藏的这件体形最大的之外，还有1978年在河南淅川下寺2号楚墓中出土的一件铜禁最为著名。下寺铜禁整体由三层粗细不同的铜梗相互套结，十二只龙形异兽攀缘于禁的四周，另十二只蹲于禁下为足，这是我国迄今发现用失蜡法铸造的时代最早的铜器，其工艺之精湛复杂，令人叹为观止。

天津博物馆的这件由党玉琨盗出，后又落入宋哲元之手,宋离任陕西时又随其先后到了北京和天津,太平洋战争爆发后,一度落入日本人手中,后经宋家与其周旋,又回到了宋家"文化大革命"中遭毁坏,曾被当作废铜送到了冶炼厂,在关键时刻被人发现,从而得以抢救和修复,现被天津博物馆收藏。

范宽雪景寒林图轴
【北宋　镇馆指数★★★★★】

安仪周,是清朝初期著名的收藏家安麓村的名字,他单名为岐,字仪周,原本是朝鲜人。他的父亲安尚义,康熙年间随高丽贡使到北京,后来入了旗人籍,留在朝廷重臣明珠家中做起了家臣。借助明珠的势力,安家在天津、扬州两地经营食盐,数年之间便成为富甲一方的大盐商。后来他的儿子安岐更是靠经营食盐做经济后盾,以收藏之富、鉴赏之精而闻名。安仪周花巨资购买的《雪景寒林图》,气势磅礴,境界深远,动人心魄,生动地描绘出秦地雪后山川、林塑如诗的景象,以三拼绢大立幅图写北方冬日雪后山林气象,是北宋杰出山水画家范宽的代表作之一。此

华北东北博物馆 — 镇馆之宝 —

【范宽雪景寒林图轴】

图画群峰屏立，山势高耸，深谷寒柯间，萧寺掩映；古木结林，板桥寒泉，流水从远方迂回而下。真实而生动地表现出秦陇山川雪后的磅礴气势。笔墨浓重润泽，皴擦多于渲染，层次分明而浑然一体，细密的雨点用苍劲挺拔的粗笔勾勒，表现出山石和枯木锐枝的质感。此图历来受到广泛重视。清代收藏家安岐称其为"华原生平杰作"，在范宽有限的传世作品中尤其难得。1860年英法联军掠夺圆明园时曾流落民间。

宋元两代，大师级的画家都以范宽的绘画为典范。南宋初期的李唐，稍后的一些的马远、夏圭，元代的倪云林、王蒙，都对范宽的画风大加赞赏。几乎所有著名的画家，说到范宽山水画神异的表现力时，都一致认为"范宽之画，远望不离座外"，范宽的画，远远看去，给人一种身临其境的感觉。元代著名书画家赵孟頫认为范宽"画山，皆写秦陇峻拔之势。大图阔幅，山势逼人，真古今绝笔也。"

《雪景寒林图》是一幅气势磅礴的山水巨作。画中题款"臣范宽制"却让人费解，在清朝收藏家的著录中并没有提到这个署名，有人认为这不是范宽的作品，而是"范派"的作品，但《雪景寒林图》的绘画风格与范宽的真迹《溪山行旅图》的绘画风格完全一致，这到底是怎么回事呢?画中名款"臣范宽制"曾受学者们的质疑,宽是范宽的诨号,在中国书画史上以诨号落款的非常罕见,所以这成了一个疑点。他是一名民间画家,从未入过宫廷,那么他署"臣范宽制"就让人费解了,如果是皇帝耳闻范宽的大名,叫他到宫廷来作画,范宽也不用躲躲闪闪地称臣呀,落款也不必躲在疤节累累的树丛间,这可是对封建君主的不敬,并且这个关键的名款,在清代鉴赏家安歧的《墨缘汇观》中也没有记载。而且"臣范宽制"这四字的书法不很高明,平正生拙的字盖在树丛的墨迹之上显得很不协调。显然是事前没有经过通盘考虑,事后勉强入款的表现。但说它是宋画中代表范宽画派的重要作品,则是大家公认的。

乾隆珐琅彩芍药雉鸡纹玉壶春瓶

【清 镇馆指数★★★★☆】

珐琅彩瓷始烧于康熙晚期,盛行于雍正和乾隆年间,它自创烧至衰落都只局限于宫廷之中供皇室使用,是"庶民福得一窥"的御用珍品。在制作工艺上,珐琅彩瓷窑先

【乾隆珐琅彩芍药雉鸡纹玉壶春瓶】

一 天津市 一 Tian Jin

在景德镇的御窑厂烧制出几百件白瓷薄胎的瓶体，从中挑出几件造型完美、釉色洁白的素瓷胎送入宫中，经乾隆皇帝钦定宫廷画家蒋庭锡设计画稿并指定宫中画师用西洋的珐琅彩料施以图画，而后送入宫中造办处珐琅作的低温小窑进行二次烘烤而成。最后再将几件成品呈于皇帝亲自挑选。除少量由皇帝选中的无瑕珍品可以留在宫内供其把玩外，其余瑕疵品必须全部销毁，而这款精美的玉壶春瓶正是乾隆皇帝选中的天下无双的珍品。

这件乾隆款珐琅彩瓷雉鸡纹玉壶春瓶，高16.3厘米，口径4厘米，底径5厘米。瓶体釉色洁白，质地细腻，器型呈细颈鼓腹，造型优雅，小巧玲珑。颈部以兰料彩绘蕉叶纹，腹部用工笔花鸟技法绘制了一对雉鸡栖身于湖石之上，雌雄对视，眉目传情，四侧配以盛开的芍药。整体纹饰取意"子孙昌盛、社稷稳固"，构思巧妙，色彩繁富艳丽，栩栩如生。纹饰空白处有墨书题诗，"青扶承露蕊，红妥出阑枝"。

玉壶春瓶的造型创烧于北宋时期，由诗句"玉壶先春"而得名，是富有时代特征的陈设瓷之一，从元代盛行不衰直到今天。珐琅彩瓷器的纹饰分为若干等级，其中花鸟图案等级最高，而在花鸟图案中又以雉鸡和孔雀图案为极品。

此瓶原藏于清宫，后被北洋总统曹锟的军医处处长潘芝翘收藏。20世纪60年代初，被原曹锟副官耿朝珍以12 000元的价格买入。而后，耿按当时文物收购政策向天津文物部门进行通报，于是这只藏于津门的稀世珍宝才得以呈现在天津文物界面前。当年著名的瓷器专家孙瀛洲先生，亲自鉴定确认是清代宫廷里的珍品。经过协商，乾隆款珐琅彩瓷雉鸡纹玉壶春瓶收归国有，成为了天津博物馆的一件享誉海内外的镇馆之宝。

周杰伦的歌曲《青花瓷》中有一句"临摹宋体落款时却惦记着你"，说在青花瓷圈足落款是采用的宋体，而有民间学者指出，这句歌词是错的，并不符合事实，并指出只有在清三代的珐琅瓷器圈足的落款才是宋体。那么，天津博物馆的这件珐琅彩宝瓶的圈足内的落款是不是宋体的"乾隆年制"呢？各位读者不妨去展厅一探究竟。

镇馆之宝

华北东北博物馆

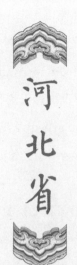

河北省

He Bei

华北东北博物馆 镇馆之宝

燕赵大地辽阔广袤，燕山南北，长城内外，自远古以来就是传统的农耕文化民族区域。燕赵大地之得名是因为在春秋战国时期，河北省的大部分领土分属燕国、赵国。

20世纪70年代，中山国的王陵和都城在平山县三汲乡被发掘后，绚烂的中山国终于呈现在考古学家面前了。雄伟的城墙，夯土厚达50多米，突显出中山国的辉煌繁盛。宏大的"山"字形大墓、豪华的车马坑、新奇的葬船坑、华美的青铜器……出土的器物之繁多之华美之奇绝，令世人震惊不已。虽然在当时7个"万乘之国"各建霸业的局面中，中山这个夹在燕赵之间、东西只有500多里的国家，只是一个"千乘之国"的小国，然而它却在其两百多年的历史中，创造了灿烂的文化。

河北阳原泥河湾盆地的史前古人类遗迹，原始聚落中的磁山文化，证明古代河北是早期人类文明发祥地之一。夏商西周时期，境内有商先民活动、商王朝迁都于邢。春秋战国时期的河北在争战与融合的历史背景下，燕国、赵国和中山国三个封建诸侯国之间相互征伐奏出慷慨悲歌。秦汉魏晋南北朝时期，秦汉走向统一，河北地区农业、冶铁业的发达兴盛，六朝古都邺城兴衰以及世家豪族势力发展、佛教传播等内容在河北省博物馆都有细致的展示。唐代初设河北道，河北开始作为中国行政区域。北宋与辽在河北地区对峙共存，金政权统一河北的历史脉络以及邢窑、定窑、磁州窑和井陉窑四大瓷窑的辉煌成就，也能在河北省博物馆寻到踪迹。

河北省博物馆

错金银龙凤方案

【战国　镇馆指数★★★★★】

案,是古代的一种家具,其用途犹如现代的茶几。呈现在读者面前的这件奇特的青铜器具,于1977年在河北平山县战国时代的中山王墓中出土,距今已有两千多年历史,是一件罕见的古代家具和难得的青铜艺术瑰宝。

方案高36.2厘米,案框长47.5厘米。由于案面已朽毁,

【错金银龙凤方案】

河北省 He Bei

现存仅是铜质底座。其器足以四只梅花鹿承托一圆璧状平面，上立四条有翼的飞龙，每条龙体蟠曲向上钩住每一侧的龙角，四条龙体又纠结在一起，每一龙体交连的空隙处，又有一展翅的凤鸟。四龙四凤纠结盘绕成一个半球体立于底盘上。每一龙头又仰上伸起承托一组斗拱，负载方案的两侧边框。案面可能是漆木制品，已腐朽无存，案座整体结构繁缛复杂，令人目不暇接。

方案的设计奇特，结构平稳牢固，但稳中寓变，给人一种神奇的感受。居于案底的四小鹿，挺胸昂首，成倚角之势背负案座底盘，表现出"方中有圆，圆中有方"的潜意识。卧鹿、盘龙、斗拱，使整个案座结构层次分明，紧凑协调，自下而上的由实体的圆，而成立体的半球，再至平面的方形框架，这种方圆的转换嬗变，过渡自然，视觉效果也绝不感到唐突或无秩。

在装饰艺术上鹿的形象温顺驯良，龙的姿态雄壮刚健，凤鸟展翅作长鸣欲飞状，形态生动，富有生命力。从它们身上，我们获得一种崭新的美感。我们知道，龙飞凤舞作为远古中国大地上高高飞扬着的两面光辉的图腾旗帜，给中国古代文明打上了深深的神的烙印，可是，在方案的装饰上，龙凤的地位却发生了变化，方案的制

【错金银龙凤方案】（局部）

作者和使用者，居然大胆到把昔日人们敬畏的神祇搬到了案几底下，不仅不加供奉，反而让它服务于世人，这是值得人们深思的。

方案采用分部制作再焊铆组合成一体，焊接精密，铆口光滑，表现出冶金技术的高度精湛，花纹装饰采用错金银工艺，通体饰卷云纹，纹样繁缛，构图精细，与鸟兽的活泼形象相契合，给人一种风格清新的艺术情趣。

在方案的结构上有一点值得重视，即移用中国大建筑上的斗拱来承重，龙头挑起四组一斗二升的斗拱，负载方案案面框架，给我们提供了一个战国时期的斗拱使用实例，这是十分珍贵而难得的。

金缕玉衣

【西汉　镇馆指数★★★☆☆】

金缕玉衣是汉代规格最高的丧葬殓服，大致出现在西汉文景时期。据《西京杂志》记载，汉代帝王下葬都用"珠襦玉匣"，形如铠甲，用金丝连接。这种玉匣就是人们日常说的金缕玉衣。当时人们十分迷信玉能够保持尸骨不朽，更把玉作为一种高贵的礼器和身份的象征。汉代皇帝和贵族，死时穿"玉衣"入葬。它们是用许多四角穿有小孔的玉片，用金丝、银丝或铜丝编缀起来。

1968年满城汉墓出土的两套金缕玉衣，保存完整，形状如人体，各由两千多块玉片用金丝编缀而成，每块玉片的大小和形状都经过严密设计和精细加工，可见当时高超的手工艺水平。从外观上看"玉衣"的形状和人体几乎一模一样。头部由脸盖和脸罩组成，脸盖上刻制出眼、鼻和嘴的形象。组成脸盖的玉片绝大部分是长方形的小玉片，双眼和嘴的形状是在较大的玉片上刻出的，鼻子是用五块长条瓦状玉片合拢而成，惟妙惟肖。上衣由前片、后片和左、右袖筒组成，各部分都是彼此分离的；前片制成胸部宽广、腹部鼓起的体型，后片的下端做出人体臀部的形状。裤由左、右裤筒组成，也是各自分开的。手部做成握拳状，左右各握一璜形玉器，足部作鞋状。配一些玉璧，以及饭含、佩带之物等。前胸和后背共置玉璧18块，并有一定的排列方式。在"玉衣"的头部，有眼盖、鼻塞、耳塞和口含，下腹部有罩生殖器用的小盒和肛门塞，这些都是用玉制成的。另外，颈下有玛瑙珠48颗，腰部出玉带钩。整套"玉衣"形体肥大，披金

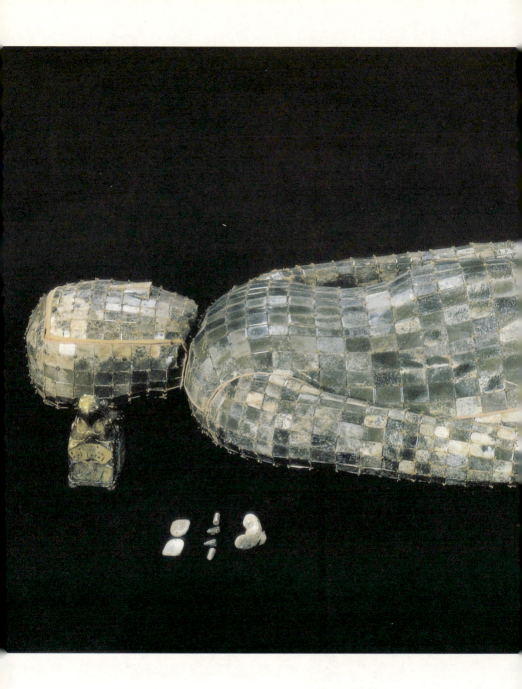

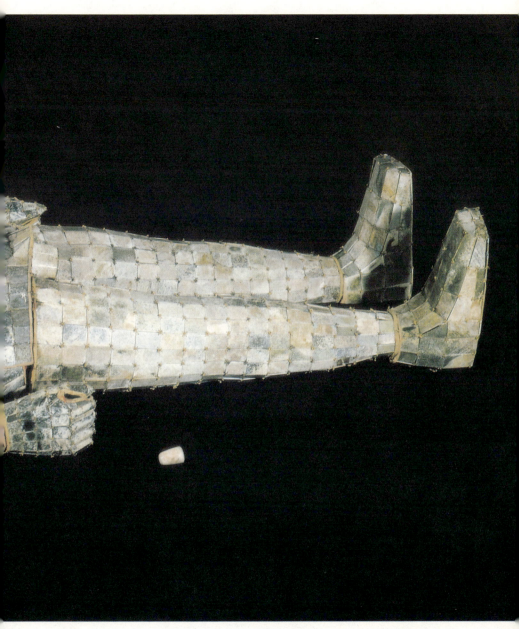

【金缕玉衣】

挂玉，全长 1.88 米，共用玉片 2 498 片，金丝约 1 100 克。玉片的角上穿孔，用黄金制成的丝缕把它们编缀，故称"金缕玉衣"。

在 2000 多年前的西汉时代，根据当时的生产水平，制作一套"金缕玉衣"是十分不易的。从遥远的地方运来玉料，通过一道道的工序把玉料加工成为数以千计的、有一定的大小和形状的小玉片，每块玉片都需要磨光和钻孔，大小和形状必须经过严密的设计和细致的加工，编缀玉片还需要许多特制的金丝。由此可见，制成一套"金缕玉衣"所花费的人力和物力，是十分惊人的。

用玉陪葬，在中国五千年前就开始了。新石器时代晚期，江南太湖流域的良渚文化时期和东北辽河流域的红山文化时期的大型墓葬，均用大量精美的玉器陪葬，多的达 100 余件。但这些都是墓主的生前用玉，死后用于陪葬，不是专用于死者的丧葬玉，玉衣的雏形是战国时期流行的"缀玉覆面"。当时用玉片做成的人的五官形状，"覆面"蒙在脸部。

长信宫灯

【西汉　镇馆指数★★★★★】

满城汉墓位于保定城西北 21 公里处满城县陵山，是西汉中山靖王刘胜及其妻窦绾的墓葬，是我国目前保存最完整、规模最大的山洞宫殿。西汉中山靖王刘胜是汉景帝刘启的儿子，武帝刘彻的庶兄，他在景帝前元三年（公元前 154 年）被封为中山王，死于武帝元鼎四年（公元前 113 年）二月，统治长达 42 年。中山国位于太行山东麓，大致包括今易水以南、滹沱河以北的地区，首府设在卢奴（今河北定州市）。西汉中山国有十代王，刘胜是第一代王。刘胜墓与窦绾墓均采用以山为陵的营建方式，墓道及墓室凿山而成，呈弧形，平面布局上两墓则大同小异。全墓分为墓道、甬道、南耳室、北耳室、中室和后室 6 个部分，墓室中分别修建了木结构瓦房和石板房，形成了一座功能齐备的豪华地下宫殿。墓内除了华丽的陈设和棺椁外，发掘中还出土各类文物 1 万多种。其中仅金银器、玉石器、铜器、铁器等精品便有 4 000 多件，各类铜灯 19 件，尤以长信宫灯、错金博山炉等最为珍贵。刘胜、窦绾两套完整的金缕玉衣，是全国考古工作中的首次发现。

河北省　He Bei

长信宫灯，通高 48 厘米，人高 44.5 厘米，是满城汉墓窦绾墓中出土的文物精品。长信宫灯通体鎏金，灯体是一位跪坐掌灯、优雅恬静的宫女。中空，整体由头部、身躯、右臂、灯座、灯盘和灯罩六部分组成，各部均可拆卸。宫女着广袖内衣和长袍，左手持灯座，右臂高举与灯顶部相通，形成烟道。燃烧的气体灰尘可以通过宫女的右臂沉积于宫女体内，不会大量散逸到周围环境中。灯罩上方部分残留有少量蜡状残留物，推测宫灯内燃烧的物质是动物脂肪或蜡烛。宫灯表面没有过多的修饰物与复杂的花纹，在同时代的宫廷用具中显得较为朴素。灯罩由两片弧形板合拢而成，可活动，以调节光照度和方向。灯盘有一方銎柄，内尚存朽木。座似豆形。器身共刻有铭文九处 65 字，分别记载了该灯的容量、重量及所属者。因灯上刻有"长信"字样，故名"长信宫灯"。据考证，此灯原为西汉阳信侯刘揭所有。刘揭于文帝时受封，景帝时被削爵，家产及其此灯被朝廷没收，归皇太后居所长信宫使用。后来皇太后窦氏又将此物赐予本族裔亲窦绾。此灯作为宫廷和王府的专用品、礼品，可见它在当时也是很珍贵的。长久以来，长信宫灯一直被认为是我国工艺美术品中的巅峰之作和民族工艺的重要代表而广受赞誉。这不仅在于其独一无

二、稀有珍贵，更在于它精美绝伦的制作工艺和巧妙独特的艺术构思。

长信宫灯一改以往青铜器皿的神秘厚重，整个造型及装饰风格都显得舒展自如、轻巧华丽，是一件既实用又美观的灯具珍品。宫灯采取分别铸造，然后合成一体的方法。考古学和冶金史的研究专家一致公认，此灯设计之精巧，制作工艺水平之高，在汉代宫灯中首屈一指。

景德镇窑青花釉里红镂雕盖罐
【元　镇馆指数★★★★★】

在元青花所有的制瓷环节或制瓷元素中，如果要说哪个环节最富成就、最富特色，恐怕就数画艺、画工了。在这方面，人们一般给予的肯定和赞誉之辞大多是：潇洒、豪放、大气、刚劲、清爽、利索。釉里红的工艺方法和青花完全相同，都是在胎上绘画后罩透明釉在高温下一次烧成，区别在于青花用钴料为呈色剂，而釉里红用铜料为呈色剂。釉里红瓷品烧制工艺复杂，用料考究，成功之品代代罕见，流传下来的数目极少，加之元代烧制此类瓷器的

【景德镇窑青花釉里红镂雕盖罐】

时间很短暂,也造成此类瓷品存世稀少。而且,无论釉里红瓷还是青花釉里红瓷,每件成功之作,都具有极高的审美艺术价值,具有其他瓷品难以企及的美艳色彩。元代景德镇工匠创造性地将二者珠联璧合地施于同一器物上。这一新的釉下彩品种的出现,是元代瓷器生产技术进步的重要标志,这些都使得元青花釉里红镂雕开光盖罐显得无比珍贵。

这件盖罐通高42.3厘米、口径15.2厘米、底径19.4厘米,1964年出土于河北保定永华南路一元代窖藏中。它的工艺水平很高,时代特征明显。此罐体采用绘画、镂雕、堆贴等多种装饰技法,具有较高的工艺水平。时代特征明显,是元代青花瓷器中具有断代作用的标准器。直口、短颈、溜肩,上腹较鼓,下腹渐收至底,宽圈足,底足露胎。胎质坚硬致密,但不够细腻,胎色白,底伴有粘砂、铁质斑点和釉斑,胎釉结合处有火石红。通体施青白釉,釉层凝厚。纹饰丰富,层次清晰,主题突出,颈部绘青花缠枝菊花纹,肩部饰卷草纹和大朵如意云纹,云头内用青花地白花技法绘水波莲花,如意云头之间缀以折枝花卉纹。腹部主题纹饰为四组菱花形开光,开光以双重串珠堆贴而成,开光内镂雕四季花卉和山石,枝叶用青花渲染,花朵和山石用釉里红涂绘，花卉间杂有浓淡不一的绿色斑点，红、蓝、绿交相辉映，具有极强的装饰效果。下腹饰卷草纹和变形莲瓣纹。罐附覆盆形盖，盖顶置蹲狮钮，盖面绘青花莲瓣纹和卷草纹，口外沿饰青花回纹。

一起出土的窖藏元代文物，有青花云龙瓶、玉壶春瓶、蓝釉描金酒杯，还包括枢府釉盘子等器物，其中最为珍贵的当属这件"元青花釉里红盖罐"。

华北东北博物馆 —— 镇馆之宝

定州博物馆

螭龙纹谷钉玉璧

【东汉　镇馆指数★★★★★】

秦朝是我国第一个封建制统一国家，但仅存在了十几年就灭亡了，流传下来的具有明确纪年的文物很少。由于缺少参照物，因此很难对秦代的文物作出明确的断代。从零星出土的玉器来看，与战国精细做工的玉器区别不大。

到两汉时期，由于社会稳定，国力强盛，玉文化也蒸蒸日上。从王公贵族到官宦人家，甚至绅士富商等阶层日

【螭龙纹谷钉玉璧】

常用玉，品种丰富、数量众多，加工工艺精湛。此时出现了许多精美的作品，代表了这个时代的最高水平。汉代玉器继承了战国时代玉器的传统，并有所变化和发展。玉礼器较前减少，已不再是玉器品种的重要组成部分，而各种作为装饰用的玉佩饰大大增加，用于丧葬的玉冥器亦显著增加，玉用具也有较大的发展。在雕琢工艺方面，圆雕、高浮雕、透雕的玉器和镶玉器物较前增多。纹饰的风格由以抽象为主转向以写实为主，一些像生类玉器也有了现实感和生命力，形神能巧妙地结合于一体，这些都为先秦玉器所不及。

这件东汉时期的出廓式螭龙纹谷钉玉璧，长30厘米、最厚1.1厘米，璧体厚达1.1厘米，外径24.4厘米。玉料呈青色，局部有红褐色沁。玉体扁平，两面形式和饰纹相同，在上部出廓处镂雕一螭一龙，螭、龙穿行于云雾共衔，中央顶端有一圆形穿孔以供挂系用；下部主体为一璧，近璧的内外缘各有一凸宽弦纹，内满饰隐起且排列有序的谷纹；璧主体外两侧各镂雕一形式相异且不对称的螭纹。汉代玉璧中，常见璧主体上端镂雕螭或龙纹的所谓出廓式璧，有的还刻有铭文。但是只有这件出廓式螭龙纹谷钉玉璧除上部出廓外，还在璧的两侧设计了不同形态的螭龙纹出廓。

此器内外缘有宽凸弦纹一圈，其中两侧有出廓纹者有战国出廓璧的遗风。

所谓璧，即玉呈扁圆形，中心有一圆孔，与此器近似的还有玉瑗，玉环。三者的名称，由中心的圆孔大小来决定，大孔者为瑗，小孔者为璧。孔径与玉质部分边沿相等者为环。对于它的渊源发展，说法不一，归纳不外乎有这几种意见：一种意见认为璧源于环，首先是一种装饰品；另一种认为璧由人们对日月神崇拜的宇宙观而演绎形成的。笔者认为不管是源于环或是受到日月圆形的影响也好，追本溯源地分析，璧的形成应该说是与人们的形象思维有着密切的关系。所谓形象思维，指的是客观事物在人们头脑里形成的反映，特别是进入奴隶社会的发展时期，使玉和玉器有了神灵和迷信的色彩，成为人们权力的标志和等级制度的象征，享用圭、璋、琮、璧等礼器，以显示贵族的身份和地位。另外还用以祭祀祖先，人死后还要以玉陪葬，战国乃至秦汉时期的墓葬中，一般都有玉璧陪葬的习惯，这说明墓主都有一定身份。

镇馆之宝

华北东北博物馆

山西省

Shan Xi

三晋大地物华天宝，人杰地灵。遍布于地上、地下的文物古迹有如镶嵌于历史长卷中的颗颗明珠，流光溢彩，熠熠生辉。这些都是祖先历尽艰辛创造出的心灵之作。每一处遗址都讲述了先人的求索，每一幢古建都叠架着精神的渴望，每一件文物都凝聚着隽永的智性。这是三晋大地文化的精魂，是三晋儿女自豪之所在。

山西在历史上曾经是中原农耕文明和北方草原文明交汇融合的天然通道，在中华民族发展史上扮演着非常重要的角色。山西南部地区是中华民族的重要发祥地。侯马晋国遗址、太原赵卿墓、曲沃北赵晋侯墓地、曲沃羊舌晋侯墓地、绛县横水墓地等一系列重要发现一次次引得学界聚焦，也不断丰富着人们对山西的了解。

中国古代的建筑物已经"千家没有几家存"了。尽管中国的古建筑是如此这般的险象环生、历尽磨难，但是在山西，犹若神明保佑一般，较集中完好地保存了许多古代建筑物。据不完全统计，山西现存古代建筑18 118处，其中，辽金以前的木结构古建筑多达100余处，占全国目前保存下来的同期木结构建筑的72%以上，居全国之冠。

山西地面的古建筑形式多样，涉及古代文化的各个方面，有民居、街市、戏台、楼阁、城楼、县衙、驿站、监狱、寺院、庙宇、祠堂、砖塔、木塔……其中的精品比比皆是、灿若星斗，广为大众所知的有平遥古城、解州关帝庙、应县木塔、悬空寺、唐代木构建筑南禅寺、五台山寺庙群、晋祠等。山西的古建筑不仅本身是一种艺术杰作，它们还是保存古代艺术品的宝库，在不少古建筑的内部，仍然存有不少极为珍贵的彩塑、壁画，因此，这些古建筑物是贵不可言的。山西的平遥双林寺、隰县小西天、长治观音堂等处，在庙宇墙壁上塑造出大规模的悬塑，这是古代中国人所创作的三维（立体）画，这些三维画情景交融、场面宏阔、极尽精致、动人心魄。塑造于山西古庙宇墙壁上的这些大幅悬塑，无论在艺术上还是在工艺上都达到了登峰造极的程度，堪称国之瑰宝。

我们先到山西各博物馆去领略一番三晋大地的历史文化，看看里面的镇馆之宝，如时间允许，请走出博物馆的馆舍天地，来到山西古建筑的大千世界，田间地头的山西更精彩。

华北东北博物馆 — 镇馆之宝

山西博物院

赵卿墓鸟尊

【春秋晚期　镇馆指数★★★★☆】

3000多年前,武王克商,西周建立,分封诸侯,屏藩王室。然而,宏图大略的周武王完成统一大业后,诸多政治理想还没来得及付诸实施,就带着对江山社稷无限的眷恋,遗憾地离开了人世。年幼的成王登基不久,刚刚建立的王朝就经历了一场反周的叛乱。山西省南部地区,有一个古老的唐国,也参与了反周的叛乱。叛乱很快被平息了下去。为了加强周朝的统治，周成王把唐国的土地分封给自己的弟弟叔虞。后世将这段历史衍化成"桐叶封弟"的佳话流传千古。故事的大意是，成王年幼，有一天他和弟弟叔虞一起游戏时，将一片梧桐叶剪成玉圭的形状交给了弟弟，说："我就用这个来分封你

山西省 Shan Xi

【赵卿墓鸟尊】

吧。"之后，周成王把唐封给了叔虞。叔虞日后也就被称为唐叔虞。此后，经过历代晋侯的励精图治，晋国从一个"汾河之东，方圆百里"的小国，相继兼并了周围的霍、虞、耿、魏、荀、虢、杨、贾等十几个诸侯小国，成为了雄踞黄河中游，地跨山西南部和河南黄河以北部分地区及秦、晋、豫三角地带的中原大国。

晋侯鸟尊高39厘米，长30.5厘米，宽17.5厘米。整个鸟尊以凤鸟回眸为主体造型，头微昂，圆睛凝视，高冠直立。禽体丰满，两翼上卷。在凤鸟的背上，一只小鸟静静相依，并且成为鸟尊器盖上的捉手。凤尾下设一象首，可惜鸟尊现世时，象鼻残缺，专家依据象首曲线分析，象鼻似该内卷上扬，与双腿形成稳定的三点支撑。凤鸟颈、腹、背饰羽片纹，两翼与双腿饰云纹，翼、盖间饰立羽纹，以雷纹衬地，尾饰华丽的羽翎纹。为了尊重历史，修复的象鼻上并没有设计纹饰。在此器中，鸟与象这两种西周时期最流行的肖形装饰完美组合，造型写实、生动，构思奇特、巧妙，装饰精致、豪华，使之成为中国青铜艺术中罕见的珍品。《周礼·春官·司尊彝》记载古代祭祀礼器中有所谓的"六尊六彝"，"鸟彝"即为其一。鸟尊的盖内和腹底铸有铭文"晋侯作向太室宝尊彝"，可证明鸟尊确为宗庙礼器。

北赵晋侯墓地位于曲沃—天马遗址中部，在北赵村南。1992—2002年，北京大学和山西省考古研究所进行了7次大规模发掘，共发现晋侯及夫人墓9组19座。在每组墓的近旁，有数目不等的陪葬墓和祭祀坑，每组晋侯和夫人墓的周围都有数座陪葬墓和一座车马坑。晋侯墓地出土了许多珍贵的青铜器、玉器、原始瓷器。有的青铜器上刻、铸有铭文，这些宝贵资料及墓葬形制、墓地布局等为研究者提供了丰富的信息，使研究者有可能对墓葬年代、墓地性质、墓位安排、墓主人与《史记·晋世家》的对应关系、器用制度、棺椁制度、车马殉葬制度等问题进行研究。晋侯墓地的发现和发掘，在1992年、1993年连续两次被评为全国十大考古发现之一，并跻身于《考古》杂志组织评选出的"中国20世纪100项考古发现"之一。国家之瑰宝，民族之血脉。在潜移默化的岁月长河里，即便它们浑身布满历史的斑斑锈迹，或是沉没于冰冷的大地下，这些祖先用心血和智慧凝聚成的历史遗珍，一旦破土而出，总能成为我们傲然于世界的珍奇。

侯马盟书

【春秋　镇馆指数★★★☆】

盟书又称"载书"。《周礼·司盟》"掌盟载之法"注:"载,盟誓也,盟者书其辞于策,杀牲取血,坎其牲,加书于上而埋之,谓之载书。"当时的诸侯和卿大夫为了巩固内部团结,打击敌对势力,经常举行这种盟誓活动。盟书一式两份,一份藏在盟府,另一份埋于地下或沉在河里,以取信于神鬼。侯马盟书是用毛笔将盟辞书写在玉石片上,字迹一般为朱红色,少数为黑色。字体近于春秋晚期的铜器铭文。

"侯马盟书"为今人展示出晋国末期上层政要争权夺利的情景。赵鞅作为晋国的新兴势力代表之一,为赵氏崛起,扩张宗族势力、维护和巩固自身权势,可谓费尽心机,殚精竭虑。他广事结纳,联络本宗,招降纳叛。为凝聚内部形成合力,他召集同宗与投靠他的异姓,反复"寻盟"(多次举盟),以聚拢人心。

在春秋末,整个社会礼崩乐坏,动荡不安,诚信缺失。正是由于道德沦丧,出现了大量背信弃义的言行,才需要盟誓之类来约束结盟之人,以凝聚人心,巩固内部。

山西省 Shan Xi

【侯马盟书】

这就不难理解侯马盟书何以出土有 5 000 件之多，据统计参盟人有 152 人之众这样大的规模，且有许多"寻盟"（反复举盟）的现象。很明显，这种道德观念上的沦落裂变，是社会大动荡、大变革的反映。大量侯马盟书就是这一时代剧烈变革的确凿实证材料。从盟书中反映参盟人表白诚信要请已故先君及神明鉴察，说明其时尚存有远古遗留的普遍性的鬼神观念占据人们的头脑。不过在赵鞅的时代，鬼神观念只是一种敬畏的心理因素，是软约束。盟书中强调参盟人要以身家性命担保，才是最强有力的保证，是硬约束。

从侯马盟书现有材料分析，其中宗盟类的有 514 件、委质类的 75 件、纳金类 58 件、诅咒类仅 4 件、卜筮类 3 件，人事方面的内容大大超过诅咒、卜筮这类与超现实鬼神观念有关的东西，可见，"轻神重人"已成为参盟人的主体意识，这反映了社会意识随着经济、政治发展有了相应的进步。

"侯马盟书"书法非常熟练，有的纤巧，有的洒脱，均出自"诅祝"人之手，不是一个人的笔法。有的字迹小到 0.2 厘米，但是笔锋仍然非常清晰，可知其文字必然是用柔软而有弹性毛笔书写。侯马盟书的书法艺术独具风采，别具一格。盟书文字的时代，晚于甲骨文，与金文时代大体相同。经考古研究侯马盟书辞文书法与甲骨文、金文不相同。甲骨文是我国最早的能够记录语言的成熟文字，是契刻在"龟甲、牛胛骨、鹿头骨"等甲骨上的文字，有用土红色书写而后契刻的，也有直接契刻成的。有前期和后期之分，前期文字线条僵挺粗犷，后期渐趋秀丽。但是，甲骨文字笔画多为表示"刻意"，很少有书写的"笔意"。

虞弘墓石椁

【隋　镇馆指数★★★★★】

无论是太原、西安、洛阳，甚至是漫长的跨越河西走廊连通西域诸国的丝绸之路，在公元4至6世纪之际，都有众多商人、使者、艺术家经过长途跋涉来到中国这些美丽繁荣的地方，他们不仅在这里曾经生活过，而且死后还葬于此。今天，这些墓葬遗存犹如丝路沿线散落的珍珠，彰显出令人叹为观止、备受鼓舞的文化异彩，它们带给人们无尽的文化滋养的同时，也传达出远离家国者复杂丰富的内心世界。

【虞弘墓石椁】（下页图）

虞弘墓正是反映了西域国使者在汉族领地的生活面貌和对中原民族文化的深厚情结。虞弘墓承袭中原汉族墓葬形制，采用仿木殿堂式汉白玉棺椁，而令人耳目一新、惊叹不已的则是椁壁的浮雕彩绘，纯粹的异域风土人情，内容丰富，装饰华丽，具有很高的文化、艺术和文物价值。墓主虞弘，中亚鱼国人，自北齐入居中原，官至萨保（执掌入华外国人事务），隋开皇二年（582年）卒于晋阳。虞弘墓位置在距离晋阳古城西南5公里处的山前阶地上。1999年，晋源区王郭村村民修路时发现该墓葬，随即对其进行了抢救性发掘清理。

墓葬曾被严重盗扰，棺椁和随葬品零乱不堪。汉白玉棺椁安放在墓室正中，由椁顶、椁壁、椁座和廊柱组成，各部分又由若干石块拼合而成。椁顶凿出瓦棱痕，由正脊、垂脊、岔脊构成歇山顶，并有悬鱼、鸱尾等细部结构。椁壁雕凿纹饰精细，正面开出椁门，其余石板下部以突出的石榫插合在椁座卯眼内，石板间又以扒钉连接，使椁壁密合稳固。椁座为平放的扁长方形箱体，其上排列石板以安放墓主，下部有若干石狮支垫，四周表面雕绘各种图案。四根浮雕忍冬纹的八棱柱与覆莲柱础支撑在前檐板下，构成前廊柱，形成三开间屋面格局。陪葬汉白玉、砂石男女伎乐俑、侍从俑、柱剑文吏俑以及墓主夫妇墓志、石灯等80余件，石俑面部丰满圆润、黑眉红唇，足下以圆榫插合于覆莲石座上，有粟特和汉人形象。

虞弘墓最具影响力的则是石椁上以中亚人生活为背景的描金彩绘雕饰，47幅单体图案因椁壁内外、椁座上下的位置不同，分别采用浮雕加彩绘、墨绘、彩绘等装饰手法，从而使画幅主次分明，富有变化。汉白玉棺椁质地温润洁白，石椁壁面雕饰凹凸有致，构图均衡协调，线条简洁明快，色彩艳丽如新，主题丰富多样，所涉及内容有宴饮、乐舞、狩猎、酿酒、家居、出行等，其中狩猎图中多为骑马、骑象、骑骆驼搏杀狮子者，也有少数徒步搏杀狮子者，画幅补白处则以夸张的火焰纹、硕大的葡萄纹和肥厚的忍冬纹作装饰，透露出浓郁的中亚风情。椁壁环饰多幅大型浮雕画，各幅画外轮廓均圈饰忍冬纹，内容以出行、家居为主，是石椁浮雕画的主体部分。其中位于椁壁正面中心位置的浮雕画面积最大，所绘人物也最多，分上下两组，上部画面中，众多人物汇聚一堂，盛装男女手持酒盏坐于帐下，乐伎、侍从分列左右，前台中央一男子长发甩起，身体扭转，双臂挥舞，一足着地，一足后翘，正在跳着热烈欢快的胡腾舞，营造出欢乐祥和的宴乐气氛。下部画面展现的是两组人狮搏斗场面，只见左侧画面中的狮子血口大张，武士头部隐于狮口中，身子弓起，两足着地作奋力挣扎状；右侧画面的武士在搏击中也处于劣势，虽已将利剑插穿狮身，但头部也被野兽紧咬，这两组搏击场面异常血腥。椁座浮雕分为两层，上层各图之间以束腰莲花柱分隔，均描绘两个男性，图面虽小，却显得格外规整生动，人物深目高鼻、黑发红袍，颈部和肩膀饰以婀娜多姿的飘带，吹拉弹奏、仪态万方。下层浮雕图画则以壶门为边框，身披绶带的人物动作更为夸张，主要表现宴酒和舞乐场面。在椁座前壁两壶门浮雕画之间，线刻大型束腰莲花座祭坛，熊熊火焰喷薄而起，两侧翼的鹰身人面祭司表情凝重，表现的是拜火教（祆教）最具代表性的祭祀仪式。

据墓志得知墓主虞弘是鱼国尉纥磷城人，曾出使波斯、吐谷浑等国，之后在北齐、北周为官。可见，公元4世纪至6世纪之际，通过丝绸之路进入中国的外国人已经很多，并发展成居住群体，政府设置专门的机构予以管理，外国使者、商贾的进入、居住和往来，促进了东西方文化的交流和丝路贸易的兴盛，为盛唐文明奠定了基础。而由此亦可知虞弘或者虞弘墓的产生和发现也是具有广泛的社会基础的。近年来有关这一特殊群体的墓葬考古成果很多，继虞弘墓之后，考古工作者先后在西安发现北周安伽墓、史君墓，在河南发掘出北齐安备墓。经过研究分析比对，认为这些墓葬的墓主身份、墓葬所反映的文化特征都与虞弘本人及其墓葬极为相似，这种现象绝不是巧合，而的确是历史的真实。

司马金龙墓石雕柱础

【北魏　镇馆指数★★★☆】

这件精美绝伦的北魏石雕插座是一次偶然的机会发现的。1965年冬，山西省大同市东郊石家寨村农民在打井时发现一座砖墓。从出土墓志得知墓主为司马金龙夫妇，葬于北魏太和八年（484年）。墓葬出土了大批陶俑、生活用具、木板漆画等454件文物。石雕插座共有4件，浅灰色细砂石雕制，2件插座四角有圆雕伎乐童子，另2件无。由于此墓曾被盗，发现时这件石雕插座被盗墓者扔在后室棺床上。根据墓室结构和出土文物分析，这件插座应在后室东部棺床前，是固定屏风用的。可惜木屏风被盗墓者烧毁一部分而不完整，难以恢复原来的结构形式了。

华北东北博物馆 镇馆之宝

石雕插座通高 16.5 厘米,上部为鼓状覆盆,从上俯看,孔周为两圈绳纹和两圈仰瓣莲花纹,镶以连珠纹,由内向外层层展开,宽窄相间,相得益彰。外部为高浮雕穿山越云的蟠龙。莲花纹及绳纹工整对称,蟠龙纹则富于变

【司马金龙墓石雕柱础】

化,给人既统一又多样的感觉。插座的四角上各圆雕一个伎乐童子,分别作击鼓、吹觱篥、弹琵琶和舞蹈等姿态。人物面形丰满,弯弯的眉毛,眯起的双眼,甜甜的微笑、从中可以看出西域文化的影子。动作的刻画也非常细致到位,无论是拨弦还是击鼓,一招一式都栩栩如生。底座约32厘米见方,中心圆孔直径约7厘米,四面盘绕着二方连续的浮雕,刻以忍冬纹,舞蹈和奏乐的伎乐童子散置其间,自然飘逸。纵观整个插座,构思精巧,充分运用了对比的手法,从布局一上看,内圈莲花图案与底座二方连续工整对称的图案中间,夹着富于变化不对称的云龙纹,从而形成对称与不对称的对比。题材的选择上,内圈具静态绳魏与动态的云龙纹,底座静态的忍冬纹与动态伎乐童子形成静与动的对比。同时这种排列也形成了有声与无声的对比,聪明的古代工匠们正是巧妙地运用这些对比使整个作品充满生机,静中有动,静中有声,显得生动活泼。在表现手法上运用了浅俘雕、高浮雕、圆雕多种手段的有机结合,增强了作品的表现力,加上雕刻的精美细致,一改秦汉粗犷遗风,玲珑清新。

这件石雕上的伎乐、蟠龙、须弥山、莲花、忍冬等题材和整个雕刻风格与云冈石窟中部窟群(第11窟有太和七年石刻题记）的艺术风格极为近似。在雕刻技巧上，北魏雕刻艺术是秦汉雕刻艺术的延续和发展。云冈石雕是富有才华的北魏优秀艺术工匠，积累了长期艺术实践的丰富经验、并有选择地吸收外来艺术营养，巧妙地把它融合在中国雕塑艺术中的生动体现。云冈中部窟群一般艺术风格是造像适中的面相和中国式的衣服，直平阶梯式的刀法，比早期表现出更多的汉民族特点，巧妙地运用装饰性处理方法衬托出造像的表情。这件石雕作品明显地受云冈佛窟装饰雕刻的影响，制作工整精致，雕刻技术达到较高的艺术水平，是北魏工艺小品雕塑中具有代表性的优秀作品。

人物故事彩绘描漆屏风

【北魏　镇馆指数★★★★★】

这件人物故事彩绘描漆屏风，于1965年在山西大同石家寨司马金龙墓中出土。司马金龙是晋宣帝司马懿弟弟司马馗的九世孙，其父司马楚之原系东晋显贵，后因统治阶级内部倾轧，于公元419年降魏，曾封琅琊王。司马金龙本人也任北魏高官，备受宠信，其母、妻都是北魏统治

【人物故事彩绘描漆屏风】

山西省 | Shan Xi

阶级上层人物。他死于公元484年，所以，这件屏风上的人物故事画是目前北魏画迹中极为难得有准确纪年的作品。同时，屏风画虽在我国历史悠久，但过去仅见于史载，现有实物发现，确为弥足珍贵，对了解汉代屏风画的面貌，研究北魏前期绘画风格，进而探讨整个魏晋时期的中国绘画成就，都有独特的价值。

这件屏风因墓葬被盗而受破坏，出土时，尚存面积较大者五块，每块长约80厘米，宽约20厘米，厚约2.5厘米，屏风上下、两侧均有榫卯，经对其中两块作拼合，得到现在看到的这一部分。木板两面皆有画，一面因潮湿过甚而剥落严重。漆画分上下四层，每层高19～20厘米，每幅有文字题记和榜题，说明内容和人物身份。这面屏风所画第一幅画面中，中央一男一女在亭下相对伏于井栏上做用物填井状，榜题"与象敖（傲）填井"，"舜父警厚（叟）"，左侧一妇人站立仰望，榜题"舜后母烧廪（廪）"，右侧一男子二女子相对站立，傍题"虞帝舜"，"帝舜二妃娥皇女英"；第二幅，三妇人拱手站立，榜题"周太姜"，"周太任"，"周太似姒"，左侧有题记四行；第三幅，中间立一妇人，右侧一妇人坐方榻上，榜题"春姜女"，"鲁师春姜"，左侧题记六行；第四幅，中央四人抬一乘舆（辇），上张

【人物故事彩绘描漆屏风】（局部）

布篷、伞盖，中坐一戴冕帝王，后随一妇人，榜题"汉成帝"，"汉成帝班婕妤"，左侧有题记四行。此外，在其他几块残片上所见画面和榜题还有"孝子李充奉亲时"，"李充妻"，"素食瞻（赡）宾"，"如履薄冰"，"启"，"启母"，"鲁母师"，"孙叔敖"、"孙叔敖母"、"和帝口后"、"卫灵公"，"灵公夫人"，"齐宣王"，"匡青"等，内容相当丰富。这些画面题材有的取自《列女传》，如舜与二妃，夏启与启母，周太姜、太任、太拟，鲁师春姜，汉成帝班婕妤等，有的取自《孝子传》，如李充，有的为"劝戒寓意画"，"如履薄冰"、"素食赡宾"者即属此类，其他不外表彰帝王将相、高人逸士等，多是宣扬当时统治者认为值得提倡的"三纲五常"、"忠孝仁义"等道德伦理，以达"成教化，助风俗"，服务于封建统治者的目的。

综合来看，这两块漆屏风中所描绘的故事，取材于汉代刘向所著《列女传》。每个人物旁边均有墨书题记或榜题，既点明人物身份，又起到装饰作用。整个屏风满髹朱漆为地，人物形象用黑色铁线描勾勒轮廓，而后以黄、橙、白、绿、灰等漆敷彩成形，运用了先进的浓淡渲染，这与东汉的单线平涂相比，显见进步，其风格和意境与东晋顾恺之的《女史箴图》颇为近似。此屏风画面色泽富丽，结构俊逸疏朗，主题生动突出，对了解北魏屏风画的面貌，研究当时漆画风格，进而探讨整个魏晋时期中国绘画的成就，都有弥足珍贵的价值。

王渊《山桃锦鸡图轴》
【元　镇馆指数★★★★☆】

　　元代虽然仅有不到百年的短暂历史，但却是中国绘画史上的重要转折点。靠军事一统天下的蒙古人建立元政权以后，他们彻底改变了宋代"重文轻武"的统治策略，甚至一度废弃了科举考试。封建知识分子曾经赖以改变命运的大门关闭了，很多人转而寄情山水，以画为生。为了表示知识分子清高孤傲的气节，梅、兰、竹、菊等成了书画作品的"时尚"内容。于是，山水花鸟画派应运而生，并引导中国绘画从传统的宫廷画进入了一个全新的时代。而在这一时期涌现出的书画名家，无疑扮演着成功先行者的角色。

　　这幅《山桃竹锦鸡图轴》是元代花鸟画大家王渊所作。王渊，浙江杭州人，活跃于13世纪末至14世纪初，擅画

华北东北博物馆 — 镇馆之宝

【王渊山桃锦鸡图轴】

山水人物，尤其精于水墨花鸟竹石，曾得到书画大师赵孟頫亲授。王渊作品存世的很少，山西博物院收藏的这幅《山桃竹锦鸡图》就是画家现存创作年代最早的作品。画面布局结构严谨，笔法沉稳凝练，清美秀润。《山桃竹锦鸡图》上可见山桃一株，花蕊初绽，翠竹几杆，锦鸡飞雀，坡石细草、溪水流泉，实为难得一见的元代书画佳作。20世纪70年代此画就已被山西省文物商店购回，当时虽然曾引起山西省内外书画鉴定专家的关注，但是一直未敢确定为真品。1982年6月5日，徐邦达、刘九庵两位先生到了太原，他们在山西省博物馆一眼看中了该画，兴奋地说："是国宝！故宫还没有！"两位先生异常珍惜。

"文人画"是画中带有文人情趣，画外流露着文人思想的绘画。它不与中国画三门：山水、花鸟、人物并列，也不在技法上与工、写有所区分。他是中国绘画大范围中山水也好，花鸟也好，人物也好的一个交集。陈寅恪解释文人画时讲"不在画里考究艺术上功夫，必须在画外看出许多文人之感想。此之，所谓文人画或谓以文人作画，知画之为物。是性灵者也，思想者也，活动者也，非器械者也，非单纯者也"。说明了文人画所具有的文学性、哲学性、抒情性。在传统绘画里它特有的"雅"与工匠画和院体画所区别，独树一帜。"文人画"多取材于山水、花鸟、梅兰竹菊和木石等，借以发抒"性灵"或个人抱负，间亦寓有对民族压迫或对腐朽政治的愤懑之情。他们标举"士气"、"逸品"，崇尚品藻，讲求笔墨情趣，脱略形似，强调神韵，很重视文学、书法修养和画中意境的缔造。历代文人画对中国画的美学思想以及对水墨、写意画等技法的发展，都有相当大的影响。

山西省 Shan Xi

大同博物馆

捧莲蕾童子
【北魏　镇馆指数★★★☆】

　　我国是个多民族国家，历史上有许多民族入主中原，建立过全国范围的或局部地区的政权。一千五百年前北方的鲜卑族拓跋部统一了黄河流域建立北魏王朝。差不多整个5世纪，平城（今山西省大同市）一直是拓跋氏的政治、经济中心。北魏早期的几个皇帝的陵墓今在何处，至今众说纷纭，有人说在内蒙古和林格尔，有人认为呼和浩特市

141

的昭君墓即可能是北魏皇陵之一,扑朔迷离,尚无定论。但是大同市北的方山永固陵则是实实在在的北魏一位皇太后的陵墓,正是在这座陵墓中出土了这件拱形门楣石刻,使1500年前的石雕艺术杰作,重放异彩。

永固陵在大同城北25公里镇川乡的古方山(今名西寺梁山)。平平的山顶南部耸立着一大一小两个长满青草的大土丘,南部的大丘就是永固陵,葬的是北魏文成帝拓拔洛之妻文明皇后冯氏。北丘较小,是文明皇后之子孝文帝元宏(自孝文帝实行鲜卑人汉化政策后,拓跋氏改姓为元)为守候母亲所营建的寿宫,具有陪葬性质,是座空墓。据史书记载,冯氏系汉族,是个能干杰出的女性,是曾两度临朝专政十余年的铁腕人物。冯氏墓园自太和五年(481年)开工,太和八年(484年)始成。陵墓工程浩大,1976年大同市博物馆进行了发掘清理,仅现存

山西省 Shan Xi

【捧莲蕾童子】

墓丘就高达22米有余。墓室虽因经历代多次盗掘，随葬品被洗劫，残存不多，但从幸存的气势雄浑的两道石券门和其下虎头门墩，可以想见当年陵园的庞大规模。特别是石雕门拱保存基本完好，弥足珍贵。

　　石墓门的石门框高166厘米，宽28厘米，厚22厘米，门框上端刻有浮雕孔雀，下部固着在虎头门墩上。门框上横置拱形门楣，长2米有余，高近1米，厚达20厘米，给人以十分厚重的感觉。门拱两端各雕一个捧莲蕾童子，这里介绍的是右边的一个，人物总高约37厘米，童子双手捧莲蕾举向头的左侧，右腿向前跨越，形态非常优美，身披飘带也随风起舞，如同腾云驾雾一般。这随势飘舞的姿态，令人想起敦煌的飞天。童子面形浑圆，眉清目秀，额前披着整齐的刘海，微带笑容，薄薄衣衫紧裹坚实壮健的身躯，腰间束带自然飘动，整个人物强烈散发出鲜卑人的剽悍气魄。捧莲童子的雕刻形式介于浅浮雕与高浮雕之间，手法简洁明快，着刀不多，人物跃然石上，呼之欲出。细部运用传统的阴刻手法，略作刻画，具有装饰性，反更加强了人物整体性，这正是聪明的古代工匠的高明之处。从这件作品我们可以看出印度佛教艺术传入内地，被我国传统艺术融化演变的痕迹，既有汉代画像石中的薄肉雕和阴纹线刻像身躯和飘带的雕刻，又可以找到带有古希腊雕刻风味的印度"犍陀罗"造像特点，如轻薄透体的穿戴。所以整个作品气氛明快，体态飘逸，造型优美，雕刻出色。

气势雄浑的雕刻品和浩大的墓园工程是相称的。冯氏墓的规模按其身份来说，是僭越制度的，形成这种情况一方面是和冯氏生前两度执掌实权，墓又是生前所造有关。据史书记载，当年冯太后和年幼的孝文帝骑马游猎至此，冯氏说何必像以前几代皇帝一样死后都归葬北方，我死后就埋在这里，俨然有丈夫之气概。另一方面和鲜卑族中原始母亲家族特殊权势犹存，太后摄国事相为习见有关。史书记载冯氏政绩显赫，一系列汉化令和均田制等重要措施都是在这一时期发布的。冯氏笃信佛教，云冈石窟最辉煌最具艺术魅力的中部窟群也正是在这一时期开凿的，因而这件石雕和石窟的中部窟群的艺术风格近似也是顺理成章的。这位汉族女性由于其特殊的身份，对孝文帝的影响是巨大的。孝文帝倾慕中原文化，不仅仅表现在颁布一系列汉化令，太和十八年（494年）将都城南迁洛阳的行动，更是对中原文化的认同。所以冯太后对文化的贡献也是应该提及的。石刻现藏大同市博物馆。

镇馆之宝　华北东北博物馆

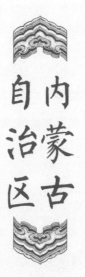

内蒙古自治区

Nei Meng Gu

广袤的内蒙古草原,是中国古代北方民族活动的大舞台,无数的英雄民族,曾在这里上演了一幕幕威武雄壮的历史戏剧。在漫长的历史进程中,各民族间的和平友好与交流是历史篇章中的主旋律。尽管这里也有战争的烽火,但战争与和平相比,只是暂时的现象。从历史的发展看,中华民族大家庭各民族间的交流,也在这种碰撞和矛盾中趋于加强和密切。

内蒙古是亚洲古人类文明的发祥地之一,呼和浩特东郊的大窑村发掘出距今50万年前,即旧石器时代早期的大型石器制作场,其规模宏大、石器众多,各种野生动物的化石以及人类使用炊火的遗迹和遗物在这里均有发现。在距今7000余年的赤峰林西县白音厂汗房屋遗址中,出土有古朴的圆雕女神立像,其身份兼有地母神和灶神的功能。

在鄂尔多斯高原,发现了以动物纹为特征的刻绘野兽搏斗场面的青铜兵器和饰件,其最早期的器物出土于早商时期的墓葬之中,近代学者称此类器物为"鄂尔多斯式青铜器"。它的影响不但扩展到中国北方地区,而且在欧亚草原地区的游牧文化中,也发现有鄂尔多斯式青铜器。同样,在赤峰"夏家店上层"文化遗址出土的青铜兵器,也在欧亚地区有所发现。

镌刻在欧亚大陆山岭上的各种岩画。这些岩画的各个地点虽然相距遥远，但内容却十分相似，大都是狩猎、游牧、神灵崇拜，以及祭祀和各种草原动物的图案，它证明了内蒙古草原文化与欧亚各游牧民族文化的交流、影响和联系已十分密切。

纵观草原文明孕育和发展的过程，我们可以深切地感受到，草原文明是中华文明和世界文明的一个重要组成部分。它前进的步伐曾经走在中国和世界文明的前列。草原民族在大漠寒冷干燥的艰苦环境下，长期过着逐水草而居的生活，形成了胸襟开阔、坚毅不屈的性格特征。他们融入中华文化之中时，又为之注入了新鲜的血液。草原地区在中原与中西亚、欧洲之间，犹如架起了一座桥梁，使东方与西方的文化得以交流，这对中国乃至全世界的文化发展起到了积极的促进作用。

华北东北博物馆 — 镇馆之宝

内蒙古博物院

鹰形金冠饰
【战国　镇馆指数★★★★☆】

　　我国古代北方草原地带曾活跃着一支强悍的匈奴游牧民族。据《史记·匈奴列传》等史籍记载：匈奴游牧民族的早期活动地域在大漠以南的鄂尔多斯、河套及阴山一带。鄂尔多斯及其周围地区成为匈奴游牧民族形成和发展的中心地区。匈奴族流行以动物纹为特征的青铜艺术品，尤以鄂尔多斯的发现最为著名，通常被人们称

【鹰形金冠饰】

之为"鄂尔多斯式的青铜器"。这种动物纹青铜艺术品在世界上也享有盛名。

1972年冬,地处鄂尔多斯高原上的内蒙古自治区杭锦旗阿鲁柴登发现了一批极其珍贵的匈奴金银器,共计200

多件。这是迄今最为珍贵的匈奴王遗物，在我国匈奴族考古史上实属罕见。现藏于内蒙古自治区博物馆的鹰形金冠饰是匈奴文物中最有代表性的艺术珍品，由鹰形金冠顶和金冠带两部分组成。金冠顶高 7.3 厘米,金冠带长 30 厘米,周长 60 厘米，共重 1 394 克。金冠饰分冠饰和冠带。冠饰呈半球体，其上浮雕四只狼和四只盘角羊组成的咬斗图案。在半球体的冠顶上立一只展翅欲飞的雄鹰，作俯视状，整个冠饰构成了雄鹰俯视狼羊咬斗的搏斗画面。金冠带由黄金铸成。冠带前部有上下两条，中间及其末端之间有卯榫插合连接，两端有卯榫与冠带前部相连结，组成圆形。冠带左右两边靠近人耳部分分别做成卧虎、盘角羊和卧马的浮雕图案，其他的主体部分饰绳索纹。金冠饰以我国北方匈奴族生动逼真的动物形象为装饰题材。冠顶傲立的雄鹰采用圆雕的手法塑造动物造型，以夸张的手法，极力突出呈内钩状的鹰喙，来表现猛禽的凶猛。除立鹰为圆雕外，其余动物纹都为浮雕图案，动物各部位比例夸张，特征刻画细腻，虎张口露齿，羊巨角盘卷，马低首伏卧，这些动物纹饰既富于写实性，又各具自身的特点，这就是鄂尔多斯式装饰艺术的特有风格，整个冠饰展示了雄鹰俯瞰狼羊咬斗的搏斗场面。制作方法包括范铸、锤鍱、镂镂、抽丝、编累、镶嵌等多种工艺，足以代表战国晚期匈奴王室金细工艺的技术水平和艺术造诣。这件金冠饰从艺术构思到制作工艺，都达到了精工娴熟的程度。

反映出战国时期匈奴的手工业生产状况，除了青铜制作和铁器制造业外，当时的金细工艺也相当发达。

  这套金冠饰是迄今为止所发现的唯一"胡冠"。自战国赵武灵王效胡服骑射以后，胡冠传入中原，将冠上的雄鹰改为曷鸟尾，即赤雉长尾。这种冠饰应是武官所服。匈奴王都是能征善战的武将，可见这种鹰形金冠饰应是匈奴王或酋长的冠饰。

  各种题材的动物纹是古代北方草原民族生活实践的体现，是他们在长期的生产实践中所创造的一种实用艺术。金冠带上的马、羊，正是他们长期饲养的家畜，鹰俯视狼咬羊，则生动地反映草原民族的狩猎生活。整个金冠饰充满草原的气息，表现了匈奴族勇猛强悍的性格及对英武善狩的崇拜。这种动物纹饰的艺术造型，从一个侧面反映出古代北方草原民族的经济生活和文化艺术。

华北东北博物馆 — 镇馆之宝

巴林右旗博物馆

玉猪龙

【红山文化时期　镇馆指数★★★★☆】

　　玉的质地晶莹温润，色泽华美柔和，历来受到人们的喜爱，用来制作工具、祭祀礼器及装饰品，尤其是各类佩戴的玉饰，特别博得人们的青睐。

　　中国、缅甸、墨西哥是世界闻名的三大玉器生产国。尤以中国的玉器工艺源远流长、历史悠久。早在距今七千多年的新石器时代早期，长江下游的河姆渡文化就已出现

【玉猪龙】

了玉璜、玉环、玉珠等装饰品玉器。在完全使用石质工具的新石器时代早期,玉器的制造也是用石器,《诗经》有"他山之石,可以攻玉"的记载。据研究,这时的玉器生产是用石质工具加砂和水进行玉料的切割和玉器的琢碾,生产一件玉器需要花费很大工夫。

发现玉器的新石器时代文化遗存中,比较发达的地区有三处:辽西的红山文化遗存,山东的大汶口文化遗存和长江下游、杭州湾太湖流域的良渚文化遗存,其中,红山文化和良渚文化的玉器最为精彩。

红山文化分布在辽西的西辽河、西拉木伦河一带,存在年代距今五六千年。因 20 世纪 30 年代发现于内蒙古赤峰红山,由此得名。它的面貌人们直到不久前才有了较清楚的认识。这是一个以农业为主、狩猎为辅的史前遗存,它有较发达的彩陶和玉器工艺,盛行对祖先的偶像崇拜,曾在辽宁省的喀喇沁左翼蒙古族自治县东山嘴和建平县的牛河梁两地发现过大型祭祀遗址和女神庙。通过对女神庙遗址的发掘,发现了巨型女神塑像的残块。这是我国初次披露的原始社会祖先崇拜的珍贵资料。

在女神庙下方不远处的山坡上,发现有大型的方形、圆形祭坛(积石冢),祭坛周围有许多用石板砌成的石棺墓。死者身上及周围随葬着玉璧、玉环、勾云形玉饰、玉箍形器及玉棒，尤其是胸前的一对兽形玉饰十分引人注目。

玉猪龙以前多有发现，曾被当做商代玉器收藏，直到在红山文化墓葬中发现，才被确认是红山文化的遗物。玉猪龙的原料产于辽宁省东部的帕岩县，帕岩是我国除了新疆和田、河南独山以外的主要玉石产地。兽形玉饰有大有小，大者高约十五厘米，小者约为大的二分之一。各地所出形制基本相同，是一种兽首虫身蜷曲成环状的抽象动物。从正面看，头部似猪，两耳竖起，两眼相对圆睁，以浑厚的大眼眶将两眼连在一起。吻部前突，口微张，嘴眼之间刻出许多道横向沟纹皱褶。它除了嘴部用透雕以外，其他部位都用细线浮雕。蜷曲的中心大圆孔和背上悬绳的小孔，都是用管加砂和水钻成，圆滑规整。从牛河梁石棺墓中玉猪龙出土位置判断，这种玉饰是悬挂在胸前的，常常是一大一小两个相对佩戴。推测这种玉饰不仅起装饰作用，更主要的作用是祈求吉祥和护身，兽首虫身的动物可能是当时人们的崇拜物，有祥瑞、压邪的作用，随身佩戴，以求神灵护佑，犹如现代蒙古族人佩戴的护身符。有的学者推测，这种玉猪龙的形象是古代中国龙崇拜的最初形式，也许有它的道理。

镇馆之宝 华北东北博物馆

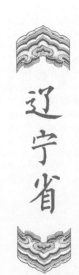

辽宁省

Liao Ning

契丹兴起于公元4世纪，消亡于公元13世纪，是中国古代北方少数民族中的重要一员。契丹在我国北方建立的草原帝国——辽王朝，对中国历史的发展产生了重要影响。契丹在900多年间创造的文化，在中国史乃至世界史上留下了重要的一页。蒙古兴起之前，西辽王朝在中亚建立其近一个世纪的文明进程，把当时先进的中国文学直接地、大规模地移植到中亚一带，从而为中国文化的对外传播作出了重要的贡献。契丹王朝的物质遗珍在辽宁省博物馆得到最全面的诠释，你或许会透过物件本身看到契丹民族的审美世界。

辽宁省博物馆每年不定期地从馆藏的末代皇帝溥仪由紫禁城带出并散佚到东北各地的中国古代书画珍品中，精选二十余件国宝级书画藏品进行展出，使观众得以一睹中国古代书画艺术的风采，从中领略博大精深的中华民族传统文化之内涵。这无疑是辽博的最大看点，辽博正是国内收藏元以前书画作品的重地之一。

旅顺博物馆是一座有着近百年历史并享有国际声誉的历史艺术博物馆，其前身为日本殖民统治大连时期，始建于1915年的满蒙物产陈列所。在苍松翠柏中，花木掩映下，分布有清代古炮广场、辽代壁画墓、硅化木林等自然与人文景观，形成了一个巨大的露天展厅，使人徜徉于历史与现实之间。旅顺博物馆藏品以大连地区考古出土文物、新疆文物及中外传世的历史艺术类文物为主体，形成了历代艺术精品荟萃、文物类别丰富、不同地域文物特征鲜明的藏品体系。其中尤以书画、新疆文物、印度犍陀罗艺术和罗振玉《三代吉金文存》、《贞松堂集古遗文》著录的商周时期青铜器等最具特色和影响。

辽宁省博物馆

万岁通天帖卷

【唐　镇馆指数★★★★★】

　　王羲之的书法，无论古今哪家哪派的评价如何，它在历史上的地位和影响，都是无可辩驳的。又无论是从什么角度研究，是学习参考，还是分析比较，那些现存书迹，都是最直接材料。世传王羲之的书迹有两类：一是木版或石刻的碑帖；二是唐代蜡纸钩摹的墨迹本。至于他直接手写的原迹，在北宋时只有几件，如米芾曾收的《王略帖》等，

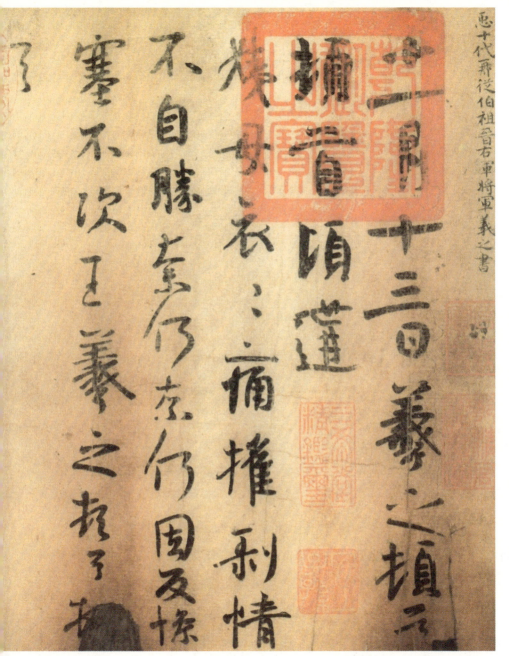

【万岁通天帖卷】

后来都亡佚不传，只剩石刻拓本。木版或石刻的碑帖，从钩摹开始，中间经过上石、刊刻、捶拓、装潢种种工序，原貌自然打了若干折扣，不足十分凭信。于是直接从原迹上钩摹下来的影子，即所谓"双钩廓填本"或"摹拓本"，就成为最可相信的依据了。这类摹拓本当然历代都可制作，总以唐代硬黄蜡纸所摹为最精。它们是从原迹直接钩出，称得起是第一手材料。字迹风神，也与辗转翻摹的不同。只要广泛地比较来看，有经验的人一见便知。因为唐摹的纸质、钩法，都与后代不同。

这种唐摹本在宋代已被重视，米芾诗说"媪来鹅去已千年，莫怪痴儿收蜡纸"。可见当时已有人把钩摹的蜡纸本当做王羲之的真迹，所以米芾讥他们是"痴儿"。到了今天唐摹本更为稀少，被人重视的程度，自然远过宋人，便与真迹同等了。现存的摹本中，可信为唐摹的，至多不过九件。

《万岁通天帖》是唐代流传下来的王羲之家族书法的临摹品。唐代帝王从李世民开始，都十分喜爱王羲之的书法。武则天万岁通天二年（697年），征集王羲之书法，王羲之后裔王方庆将王羲之、王献之等七位家属的十通书翰进献。武则天十分喜爱，让人用"双钩填廓法"精心临摹后，将真迹归还王方庆,临摹品收藏在内府。此临摹帖人称《万岁通天帖》,又名《唐摹王羲之一门书翰帖》。后来,王氏后人丢失了真品,此临摹帖成为唯一接近王羲之真迹的书法珍品。

宋代时,遭战乱,此帖流散民间,已经残缺。先后有南宋高宗、岳珂、元代张雨、明代文征明、董其昌等名人收藏、题跋于上。后归于项笃寿收藏。朱彝尊在《书万岁通天帖旧事》中写到,项元汴收藏虽然丰富,却也常常失眼,将假当做真,将真当作假。项元汴先收藏到《万岁通天帖》,但他对此品的真假把握不准,以为这是件赝品,心痛出了高价,懊悔不已,"至忧形于色,罢饭不噉"。其兄项笃寿知道弟弟"啬于财",而他看出是真品,就用原价购买了下来。在清初动乱中,朱彝尊祖姑"避地深村,长物尽失,唯此卷纳诸枕中,乱定依然完好"。朱彝尊也因此而"恒得纵观之",对此帖十分熟悉。不久,"祖姑没,项氏日贫,嗣子遂售于人,转入势家,过眼云烟,不复再睹矣。"

《万岁通天帖》后来收藏在清代内府,乾隆时乾清宫失火,此帖险些被火烧掉,留下了火残痕迹。清朝灭亡,被赶下台的末代皇帝溥仪将此帖连同其他大量国宝珍品带到了长春。1946年,吉林省主席郑洞国任"剿总"司令期间,收藏了此帖。1948年，郑洞国率部长春起义，将包括《万岁通天帖》在内的五件书画珍品交给解放军。现此帖收藏在辽宁省博物馆。

传周昉簪花仕女图卷

【唐　镇馆指数★★★★★】

我国古代的绘画艺术，像一颗璀璨的明珠光照遐迩。而唐代，在我国艺术发展史上更是个辉煌璀璨的时代。当

时，画家多若繁星，争奇竞妍，而其中周昉是给予当时和后世影响最大的画家之一。

　　周昉，出身于仕宦之家，约在唐大历年间做过宣州长史，工文辞，善画，尤对仕女画独具心得，是继吴道子之后而兴起的人物画家。他初学画于张萱，后在技法上形成自己独创的风格。他笔下的仕女有"曲眉丰肌，秾丽多态"的形象特点，是对唐代妇女别出心裁的塑造。据《唐朝名画录》记载，贞元末年，新罗（朝鲜）国便有人在江淮一带，"以善价收"周昉的作品。时至今日，日本仕女画，仍保留像周昉那样的风貌，足见其作品广为国内外人士所喜爱。

辽宁省　Liao Ning

【传周昉簪花仕女图卷】

但流传至今题为周昉的作品，仅有《簪花仕女图》、《挥扇仕女图》及《戏婴图》，一直被看成是我国古典作品中的瑰宝。

《簪花仕女图》以描写宫廷妇女闲逸生活的片断为题材，极富生活情趣，长卷展现在眼前的是采花、看花、慢步、戏犬四个段落。其中株妆贵族妇女五人，女侍一人，正当春夏之交的季节，贵妇人高高的发髻上插着鲜花，身着纱衣长裙，打扮得华丽入时，在那幽静的庭院里，狮子狗、白鹤、蝴蝶、花枝，成了她们消磨时光的伴侣。在玲珑石的后面，盛开着粉紫色的辛夷花，石脚下，少许绿叶杂草点缀着广阔的空间。作者赋予画中的每一个形象，把她们各自孤立的形象，巧妙地联系在一起，使整个画面和谐而富于生气。可见画家技巧之高超，具有感染观者的魅力。如左起第一个侧身玉立的妇女，发髻高大，顶插一朵牡丹花，前饰玉簪步摇，一串流苏似在摇晃，披罩紫色纱衫，衫上龟纹隐约可见，鲜艳和谐的色彩，衬托出皮肤柔嫩的效果，表现得淋漓尽致，左手执拂掸向前灵巧摆动，逗引着深通人意、张嘴摇尾扑跳的狮子狗戏耍，情节活泼生动。在狮子狗戏耍的右侧，立着一位发插红瓣花枝的妇女，身披白纱，纱衫上有菱形纹饰，薄纱中显现丰满的肌肤，表现出透明的质感，她漫不经意地举起右手，提起紧贴在脖上的纱衫领子，似有不胜沉闷之感，正向背着戏耍的狮子狗招手，希图让它也能转过身来，作一番逗趣的表演。右后方，侧立一手执长柄团扇的侍女，浓密的长发分别反梳为两个十字形发髻，中间用红缎带束在一起，成为有耸多瓣的花发髻，其发式和装束与其他五人迥然有别。侍女的右前方。站立一发顶插荷花的妇女，眉间饰以如豆大小的金色花子，左手持金钗，全神贯注凝视，似乎要把它插在最引人注目的发髻上。远处一神态凝重的妇女，慢步前行，发插海棠花，双手操紧薄纱，眉宇间流露出若有所思的情态。最后是一位发顶插芍药花的妇女，身着浅紫色纱衫，白地披子上绘着彩色云鹤，从肩后向脚垂落、右手举起刚刚扑到的蝴蝶，扭身迎向奔驰而来的狮子狗，丰硕健美中带有窈窕婀娜之态。

　　她们华丽奢艳地在庭院中游玩，动作悠闲、拈花、拍蝶、戏犬、赏鹤、徐行、懒坐、无所事事，侍女们持扇相从。其赋色技巧，层次明晰，面部的晕色，衣着的装饰，都极尽工巧之能事。轻纱的透亮松软，皮肤的润润光泽，都画得肖似，表现出作者高度的艺术技巧和概括能力。

华北东北博物馆 — 镇馆之宝

赵佶瑞鹤图卷
【北宋　镇馆指数★★★★★】

辽宁省博物馆珍藏的《瑞鹤图》，是宋徽宗赵佶之"御笔画"，构图和技法俱皆精到：构图中一改常规花鸟画传统方法，将飞鹤布满天空，一线屋檐既反衬出群鹤高翔，又赋予画面故事情节，在中国绘画史上是一次大胆尝试；绘画技法尤为精妙，图中群鹤姿态百变，无有同者，鹤身粉画墨写，睛以生漆点染，整个画面生机盎然。图绘彩云缭绕之汴梁宣德门，上空飞鹤盘旋，鸱尾之上，有两鹤伫立，互相呼应。画面仅见宫门脊梁部分，突出群鹤翔集，庄严肃穆中透出神秘吉祥之气氛。卷后为徽宗瘦金书题记及诗，款"御制御画并书"，签押"天下一人"，观其书风，健笔开张，挺劲爽利，

【赵佶瑞鹤图卷】

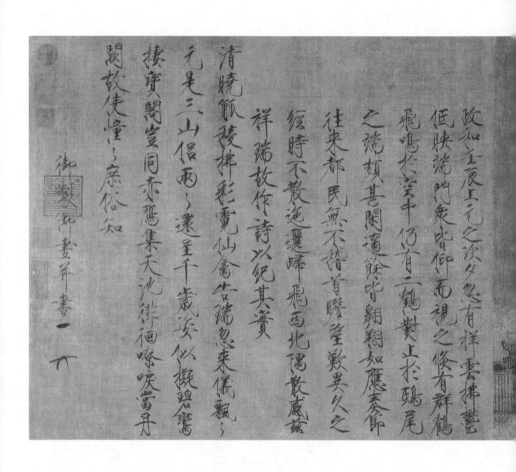

侧峰如兰竹，媚丽之气溢出字里行间。"瘦金体"的出现丰富了我国书法艺术的个性化风格，对后世亦颇有影响。

北宋政和二年上元之次夕（即公元1112年正月十六日），都城汴京上空忽然云气飘浮，低映端门，群鹤飞鸣于宫殿上空，久久盘旋，不肯离去，两只仙鹤竟落在宫殿左

【赵佶瑞鹤图卷】

右两个高大的鸱吻之上,引皇城宫人仰头惊诧,行路百姓驻足观看。空中仙禽竟似解人意,长鸣如诉,经时不散,后迤逦向西北方向飞去。当时徽宗亲睹此情此景兴奋不已,认为是祥云伴着仙禽前来帝都告瑞——国运兴盛之预兆,于是欣然命笔,将目睹情景绘于绢素之上,并题诗一首以纪其实。

但"祥瑞之兆"却难以挽回衰败的国运,此后第十五年,即公元1127年,金兵攻陷都城汴梁。宋朝军民纷纷起来抗击金兵,金人自知无力吞下这个腐朽然而却十分庞大的帝国,遂尽掠九十二府库160余年所积藏的金银财宝、书画珍玩等,连同徽、钦二帝及皇族、臣僚三千余人席卷北去,《瑞鹤图》遂散落民间,不知去向。600年后,《瑞鹤图》竟奇迹般现世,归藏清内府,备受诸帝珍爱,并有"乾隆御览之宝"、"石渠宝笈"、"宝笈重编"、"乾隆鉴赏"、"嘉庆御览之宝"、"宣统御览之宝"等玺印,并著录于《石渠宝笈》续编之中。入清内府前,《瑞鹤图》曾经元胡行简、明项元汴、吴彦良等人递藏。

《瑞鹤图》现藏辽宁省博物馆,是赵佶书画珍品中难得的诗、书、画具为上乘之作。传世宋徽宗赵佶的画有两种,一种是"御笔画",一种是"御题画"。"御笔画"出于赵佶的亲笔,"御题画"则由他人代笔作画,徽宗书题押款,由此宋徽宗名下之作数量虽多,其中尚有部分为代笔,而《瑞鹤图》独具清俊潇洒之格调,形神兼备,经学者考证属赵佶之"御笔画"。

1945年8月17日,溥仪随身携带数箱珍贵书画及珠宝玉器欲乘机逃往日本，途经沈阳时被人民解放军及苏军截获，此批重要文物随即被护送到东北银行代为保管，其中就包括《瑞鹤图》。1950年，劫后余生的《瑞鹤图》等一批清宫散佚书画入藏辽宁省博物馆的前身东北博物院至今。

摹张萱虢国夫人游春图卷
【北宋　镇馆指数★★★★★】

张萱，生卒年不详，京兆（今陕西西安）人，为唐代开元天宝间享有盛名的杰出画家。在当时"唐尚新题"风气的影响下，画家采取现实生活中有典型意义的题材，创作出主题突出的杰作，与大诗人杜甫的《丽人行》史诗交相辉映，历史意义深远。张萱工画人物，擅绘贵族妇女、婴儿、鞍马，名冠当时，与周昉名气不相上下。所画妇女，惯用朱色晕染耳根，为其特色；又善以点簇笔法构写亭台、树木、花鸟等宫苑景物。

盛唐是唐朝人物画的高潮期，宫廷和京、洛两地的画家、壁画家和民间艺匠等尽显其才并相互影响。张萱的绘

画题材以表现宫廷生活为主，这是由他的宫廷生活所决定了的，其中也包括皇室的命意。唐代朱景玄在《唐朝名画录》里称他"尝画贵公子、鞍马、屏幛、宫苑、仕女，名冠一时"。他的人物画题材虽囿于宫廷生活，但能展现出较大的生活场景，这必然会促使张萱掌握多种画科的造型手法和表现技巧，因此，他"善起草，点簇景物，位置亭台，树木花鸟，皆穷其妙。"

此图描绘的是公元752年（天宝十一年），再现唐玄宗的宠妃杨玉环的三姊虢国夫人及其眷从盛装出游的场景。画面描绘了一个在行进中的行列，人马疏密有度，以少胜多。全画共九人骑马，前三骑与后三骑是侍从、侍女和保姆，中间并行二骑为秦国夫人与虢国夫人。其中四人穿襦裙、披帛，另外五人都穿男式圆领袍衫。虢国夫人在画面中部的左侧，她身穿淡青色窄袖上襦，肩搭白色披帛，下着描有金花的红裙，裙下露出绣鞋上面的红色绚履。秦国夫人居右上首，正面向虢国夫人诉说着什么。作品重人物内心刻划，通过劲细的线描和色调的敷设，浓艳而不失其秀雅，精工而不板滞。全画构图疏密有致，错落自然。人与马的动势舒缓从容，正应游春主题。画家不着背景，只以湿笔点出斑斑草色以突出人物，意境空漾清新。图中

【摹张萱虢国夫人游春图卷】（局部）

辽宁省 Liao Ning

用线纤细，圆润秀劲，在劲力中透着妩媚。设色典雅富丽，具装饰意味，格调活泼明快。画面上洋溢着雍容、自信、乐观的盛唐风貌。

《虢国夫人游春图》是我国唐代宫廷大画家张萱的一幅经典名画。它集珍贵的史料价值和高超的艺术价值于一身，加之高品位的观赏价值，使其成为中国古典绘画遗产中最为难得的杰作之一。

紫鸾鹊谱缂丝
【北宋　镇馆指数★★★★★】

辽宁省博物馆收藏的紫鸾鹊谱缂丝，原件高131.6厘米，宽55.6厘米，由两段图案组合而成，正好保持原来匹料面貌，是北宋缂丝中典型的丝织工艺品。缂丝的编织方法不同于织锦和刺绣。缂丝是采用"通经回纬"的织法。使用轻便的平纹木机和长约10厘米的舟形小梭，装入花纹色彩需要的各色彩纬，依花纹图案轮廓色彩分块、分区、分段挖花缂织。其织物是本色经细，彩色纬粗，以纬缂经，只显彩纬不露经线。彩纬充分覆盖于织物表面，正反两面

【紫鸾鹊谱缂丝】

辽宁省 Liao Ning

花纹和色彩相同。纬丝并不贯穿整个幅面,花纹轮廓边界与地纹之间的交接处,尚有明显的空隙,称为"水路"。承空视之,犹如雕纹镂刻的立体效果。故缂丝,又称"克丝"、"魁丝"或"刻丝"。

缂丝在唐朝以前已很盛行,唐草花纹的缂丝实物出土和传世品也不少。如英国的斯坦因,日本的大谷探险队在新疆发现的娜草、葡萄纹丝,日本正仓院保存几件奈良时代传世的唐草纹缂丝残片。1973年我国的新疆吐鲁番阿斯塔那发掘出土一条唐代几何菱纹缂丝带。现存原乾清宫藏贞明二年(916年)的"金刚般若波罗蜜经"一卷,即为五代梁朝的"刻丝"。

唐代以前的缂丝技法,主要受织成锦和纬锦方法的影响,一般以齐缘或平刻为主。唐代在缂丝技艺上发展了抢缘法和套缂法。抢缘法是用不同色谱的色线以后绎继前绎而渐匀其色。套缂法以层色阶线,顺序相套,长短参差,以减少水路间的裂纹。唐代由于没有使用晕色匹配,色彩层次不够丰富,多用于丝带、荷包等饰品。北宋时缂丝生产进一步发展,缂丝制品多用作书画包首或经卷封面,也有用于贵族妇女的衣物。辽宁省博物馆收藏的紫鸾鹊谱、紫汤荷花、紫天鹿等缂丝珍品,以及

【紫鸾鹊谱缂丝】(局部)

云水纹金龙缘丝被面等实用品。在缂织技法上已有所创新。如缂丝紫鸳鹊谱的经面以单丝抢缂为主，间以齐缂。缂织细部有分用两根经线，粗则跨越五根。该幅缂丝的花鸟部分采用了构纬和双套纬的创新技艺。鸳鹊纹在与

【紫鸳鹊谱缂丝】（局部）

紫色地的界边处，使用银灰色和白色双线构缂，花叶用橙色线构缂，整个配色的色调高雅，层次分明。莺鹊的翎毛纹饰采用双套缂的技法。缂织纬短，线较细密，显色调和婉转，翅羽晕色丰富。莲花中的花蕊和花瓣采用分色相嵌排列，使局部和整体色泽和谐多变。这种双套缂的新缘法，使花鸟纹更有立体感和装饰性。这幅缂丝以紫色为底，花纹以蓝色、白色、橙色为主色调，配以深蓝、绿色、朱黄、淡绿、水粉、淡蓝诸色。设色古朴高雅，浓淡调谐，整个花纹图案恰到好处地对称分布，每区由五横排的花鸟组成。莺鹊飞翔，形似展翅的凤凰。口中衔着如意，在佛莲和牡丹花丛中飞舞，这种寓意"富贵如意"的纹饰，既形态传神，又富有生命气息。花卉以"重楼子"牡丹花和盛开的佛莲为主题。并衬托折枝荷花、海棠等纹饰。刻画相当细腻，风格浑厚典雅，智中见巧，动静结合，缂法高超，更显出构图中书情画意。

在传世之宋代缂丝中，偶见作为唐宋名人书画包首，即弥足珍贵。至于如此完整巨制，更属希世瑰宝。

云龙人物纹转心象牙球

【清 镇馆指数★★★☆☆】

牙雕套球又称"同心球",制作相当繁复,工艺要求极高。这种象牙球交错重叠,玲珑精致,表面刻镂着各式浮雕花纹。球体从外到里,由大小数层空心球连续套成,外观看来只是一个球体,但层内有层。其中的每个球均能自由转动,且具同一圆心。并且象牙球里外每一套球均雕镂着精美繁复的纹饰,有百花、龙凤及山水人物等数种。球与球之间相互连接,雕刻外层球体表面较易,但刻镂内层许多球体时,因施工空间的限制,很难,所以象牙球工艺会让人感到技巧的奇特和玄妙。据《格古要论》载,早在宋代就已出现3层套球,时称"鬼工球"。

清代云龙人物纹转心象牙球,全高52.2厘米,上为一直径12.9厘米的大球,镂雕祥云缭绕,十余条健龙或藏首露尾、或藏尾露首穿行于云层之间;大球内分层透雕二十一个小球,球球相套,层层能转,满地纹饰。三节台柱,上为六层透雕小象牙球,纹饰同顶上之大象牙球;下有四足座,座上雕人物顶柱状承盘,玲珑剔透巧夺天工的雕刻工艺令人叹为观止。广州牙雕艺人在牙球制作上多有创获,

【云龙人物纹转心象牙球】

辽宁省 Liao Ning

套球可达数十层。乾隆时套球已达十多层，玲珑剔透，巧夺天工。此球为广州民间作坊制品，从此球我们也可看到宫廷好尚对民间工艺的影响。鬼斧神工的象牙球是用整块象牙雕刻而成。球内套球，逐层镂空，每层厚薄均匀，球面刻上精细图案花孔，层层都能转动。配上形式多样，内容丰富的牙雕球柱和底座，就成为一件完美而别具风格的艺术品。

清代，因商贸的需求，民间艺人仿自石雕，创造了象牙球。到清乾隆时期，有了更大发展。起初广州牙雕艺人借鉴石狮口中含珠的镂雕形式，经过细心的设计与钻研，并加以大胆的想象和巧妙的手艺，用象牙材料创作了球内套球的新花色。象牙球从开始的1层，至清乾隆时期发展到14层，广州牙雕艺人在牙球制作上多有创获，套球可达数十层。再到清末已达到25或28层，目前最多能刻至60层，确是我国象牙雕刻中的一种特殊技艺。

1915年夏天，为庆祝巴拿马运河通航，美国旧金山举办巴拿马万国博览会。广州牙雕大师翁昭制作的24层牙球，越洋参展，而日本参展作品是一个30层的牙球。二者大小相仿，表层雕刻与内部戳花，各尽其妙，但日本的比广州的多了六层，人们都以为金奖非日本莫属。

这时，中国代表要求把两个牙球放到沸水里泡煮，结果在众目睽睽之下，日本牙球顷刻四分五裂，而广州牙球则完好无损，原来日本牙球是用胶水拼接粘合的，而广州牙球是用整块象牙雕成的。翁昭的作品因而获得了博览会特等金质奖章。

镇馆之宝　华北东北博物馆

吉林省

Ji Lin

谈起东北历史,傅斯年先生早年在《东北史纲》中论断:"商之兴也自东北来,商之亡也向东北去。"商民族是否来源于东北,尚待证实,但至少说明历史上的东北诸民族,在中华开国史和中华民族文化形成及发展的过程中,其作用与贡献并不限于当地。

早在数十万年前,活动于辽东半岛营口的金牛山人,其体质特征就较同时期华北地区的周口店北京人进步。旧石器时代晚期的海城小孤山洞穴遗址,时代并不晚于周口店山顶洞遗址,却出土了使用两面钻孔先进技术的骨针。骨针代表了缝纫技术,缝制的皮衣解决了御寒问题,从此,人类才有能力离开洞穴走向平原,走向大东北和更寒冷的地区,越过白令海峡进入新大陆。距今万年以内,东北地区遍布以"之"字形篦纹陶为主要特征的新石器文化。东北地区似乎已迈出了由氏族过渡到国家的第一步。由此观之,象征中华五千年文明的特大礼仪性建筑群——坛、庙、冢在辽西山区的红山文化首先出现,虽有些出人意料,细审却并非偶然。

活跃于东北地区的乌桓、鲜卑、高句丽、靺鞨、契丹、女真等族先后建国，由于普遍吸收了中原王朝的典章制度和文化精华，这些民族由氏族向国家过渡的进程大大缩短，并且迅速强大起来。随着民族势力的消长，它们有的在长城内外、环渤海北翼争先；有的如鲜卑慕容部更长驱中原，在改朝换代中唱了主角。北方民族逐鹿中原的大趋势，有如大海波涛，一浪高于一浪，直至满族入关。

华北东北博物馆 — 镇馆之宝

吉林博物院

银釉鸡冠壶

【辽　镇馆指数★★★☆☆】

我国是一个多民族的国家,自古以来各族人民就在中华大地繁衍、生息、交融、促进,共同创造了璀璨的古代文明和文化。优美别致的辽代白瓷,便是中国陶瓷史中一个独具特色的组成部分。

这件吉林博物院收藏的银釉鸡冠壶于 1975 年出土于吉林省哲里木盟奈曼旗沙力好来,淡黄陶胎。扁身,短管口,

吉林省 Ji Lin

【银釉鸡冠壶】

口唇微侈。上有马鞍状双孔泉，供穿绳用。体侧有皮条及针痕装饰。通体施绿釉，壶身呈现光艳悦目的银斑。壶身两面压划卷草纹，纹饰简洁明快，优美自然。鸡冠壶是辽瓷中的典型器物，它适应游猎生活的需要，具有浓郁的民族风格。从造型与装饰看，此壶应为辽代早中期的作品。

辽王朝是由契丹首领耶律阿保机在我国北方建立的地方政权，其辖境东自大海，西至流沙，南越长城，北绝大漠。先后与五代和北宋并立。辽统治范围的南部，恰与我国北方中原地区的定州、磁州等制瓷历史比较悠久，制瓷业较为发达的地区相接近，加上契丹统治者很早就注意把具有制瓷、纺织、冶金等多种手工业技术的汉人有意俘掠安置。这些，对辽代制瓷业的产生和发展无疑具有十分重要的影响。就以此鸡冠壶为例，我们不难发现，虽在其外观形式上具有浓厚的契丹民族风格，但它的制作工艺则与中原北方各窑的制瓷工艺非常相似，甚至于辽代瓷器中仍有部分器物的造型是依照中原固有的一些陶瓷样式烧造的。

契丹族本是古代北方民族鲜卑族的后裔，是一个游牧民族。从契丹建立政权之后直至覆亡的二百年间，随着契丹族力量的强大和与中原毗邻汉族地区关系的日益密切，契丹人由畜牧、渔猎生产为主逐渐转向以农业、畜牧生产为主，也由游牧生活逐步转向定居生活，而诸如制瓷等多种手工业的兴起和发展，对繁荣农业和工商业，促进辽王朝社会经济水平的提高，也起到了很重要的推动作用。

一种社会文化的出现，是一定的社会政治和经济情况变化发展的反映。这就是我们观赏这件辽代银釉鸡冠壶所留下的一个启示。可见，一件珍贵典型的文物，不仅凝聚着古代人们智慧和艺术的美，而且还不同程度地展现着一定社会历史的真实缩影。

张瑀文姬归汉图卷

【金　镇馆指数★★★★☆】

金代绘画作品传世甚少，这件《文姬归汉图》卷是研究金代的绘画艺术发展，特别是了解宋对金绘画的强烈影响方面的重要实物资料。作者张瑀生平不祥，《文姬归汉图》卷，绢本设色，纵29厘米、横129厘米，是1962年5月从长春市一群众手中征集的。

文姬归汉的历史故事，历来受到人们重视，常被画家当成重要题材入画。在画面的处理上，画家们多以"胡笳十八拍"诗意为本,分段图写入画,如传为北宋末南宋初画院李唐所画的《文姬归汉图》,就是以唐刘商胡笳十八拍诗意为据而作的十八幅图册,经吴门张氏收藏。而本书介绍的这幅《文姬归汉图》不采用这种图解式的方法,而是将文姬归汉史实进行集中、概括,选取文姬归汉途中的场景,只用一幅画卷来表现文姬归汉的主题。这种大胆取舍、精心创作,画的主题显得更加鲜明突出。

此图作者有着深邃的艺术造诣。其绘画技法特点是先用墨笔描绘,然后略敷淡彩,与相传唐代伟大画家吴道子

的落笔雄劲、敷彩简淡、"轻拂丹青"的"吴装"一脉相承，又承继了唐代画马名手韩干，宋代杰出的绘画大师李公麟的优良传统。作者深得李公麟白描画法的精髓，而又能加以变通。如果不注意色彩的话，画家的笔墨功夫很像是一幅精彩的白描画，其用笔雄健刚劲、挺拔流畅、精炼活泼、富于变化。笔势连绵不断，运笔如行云流水。整个画面无一笔疏忽，哪怕是貂冠狐裘上的细如蛛丝的根根针毛，亦见笔力，一丝不苟。所画无论是人物、座骑，还是其他各种道具，无不形神兼备。如画骏马，笔墨并不多，却把马

吉林省 Ji Lin

【张瑀文姬归汉图卷】

鬃那种蓬松摆动，马腿那种有力奔腾，表现得非常逼真。对于人物衣带系结关系、装饰花纹，也精心描画，交代得清清楚楚，笔简而意足。画家的创作态度，相当严肃认真，在运用线描来表现物象的神情意态和质感方面，已经达到了相当纯熟的程度。

  画家把整个画面布置得错落有致，疏密得当，相互呼应。小马驹、海东青（猎鹰）、猎犬的出现，既突出了主题，又增加了画面的气韵，使画卷更增添声色，说明画家精通历史，熟悉生活，特别是对北方少数民族的生活习惯，包括人们的衣着、发式、用具、坐骑的鞍鞯装饰等，无不谙熟。画家把这些细节非常自然地再现在画面上，使整个画面既有历史真实感，又充满着浓厚的生活气息。整个画面，是一支由20人组成的队伍，正迎着漠北的大风沙顽强铤步。画面最前端，一汉人骑老马引路，肩扛汉家圆正旗，躬背缩首冒着风沙而行。老马亦低头缓步，旁有马驹相随。前驱者稍后数步，就是画卷的中心人物蔡文姬。她头戴貂冠，身着华丽胡装，脚登皮靴，骑在马背，手扶鞍桥，双目凝视前方。绘画者着意刻画蔡文姬那种踌躇满志的神态，端庄威仪的体态，开朗镇定的形象生动地展现在世人眼前。面卷上的蔡文姬，思绪万千，多蒙曹丞相知人善任，自己一生的才华可望施展，远大的抱负行将实现。

蔡文姬左右由两位剽悍的汉人马夫牵引着，身后是7名骑在马上护送的汉、胡官和侍从。左侧汉朝官员，头戴帻巾，左手持一把用毛皮镶边的团扇遮面，以避风沙。他面带喜色，注目文姬，似是曹操派往匈奴赎迎蔡文姬的使者。右侧胡人官员，头戴皮帽，身穿紫袖长袍，束带革履，腰系佩饰，坐骑的辔饰讲究。他年逾半百，面容愁苦，正在勒马。他在画面上的地位较汉朝官员显要突出，鉴赏家曾认为他是匈奴左贤王。即使画家画的不是左贤王，恐怕也是左贤王手下命官，代表左贤王为蔡文姬送行。其后有侍从五骑相随，有的怀抱包裹，有的身背行囊，有的手架猎鹰，有的马上驮着毡毯。这支队伍的殿后者，是一头戴皮帽，身着窄袖皮袍，腰携箭胄奠，右手架鹰，左手执缰的武士，他正驱马追赶队伍，马上驮着口袋、毡毯，马旁猎犬相随。

《文姬归汉图》不愧是我国古代绘画艺术的名作，为研究金代绘画艺术的优秀传统提供了极好的标本。

董其昌《昼锦堂图》卷

【明　镇馆指数★★★☆☆】

在中国绘画史上，董其昌的地位非同一般。而在董其昌的传世画迹中，《昼锦堂图》卷的意义又格外值得我们加以关注。展开画卷，但见青山绵亘，天水明净，树色苍黛、珠红错杂，与闲静的屋宇相掩映，意境极为平远萧疏。画面景物不多，笔墨粗率，但却以青绿设色出之，黛青、石绿、珠砂、储石、白粉，五彩骄丽，一派炽热的气象扑人眉宇。本幅上自识："宋人有《温公独乐园图》，仇实甫有摹本，盖画院界画楼台，小有郭恕先、赵伯驹之意，非余所习。兹以董北苑、黄子久法写《昼锦堂图》，欲以真率当其巨丽耳。董玄宰画并记。"

董其昌（1555—1636年），字玄宰，号思白，别署香光居士，谥文敏，松江人。他的书法作品多署"其昌"，画则署"玄宰"，所以有"书不玄宰、画不其昌"的传说。万历（1573—1620年）间进士，官至礼部尚书，是明末著名的书画家、鉴赏家和理论家，同时又精研禅学，其以禅喻画的画学思想，在绘画史上留下了深远的影响。他与顾正谊、莫是龙、陈继儒、赵左、沈士充等互为师友，相为标榜，形成著名的"华亭"（松江的别名）画派；又与杨文聪、卞文瑜、邵弥、程嘉燧、王时敏、王鉴、张学曾合称"画中九友"。在这些绘画群体活动中，董其昌均是公认的领袖人物，左右了当时的绘画潮流。后世如清代的"四王"和八大山人，也无不溯源于董其昌。评者以为："有明一代书画，结穴于董华亭，文（徵明）、沈（周）诸君子虽嗫

【董其昌昼锦堂图卷】

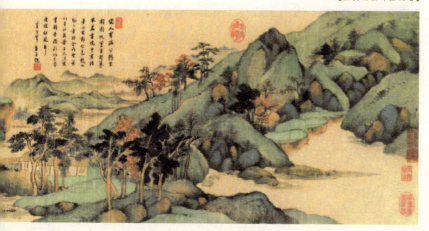

有时名，不得不望而泣下。"

　　董其昌的"集大成"在理论上的主要贡献是"南北宗"论；在创作上的代表作品便是这幅《昼锦堂图》。

　　所谓"南北宗"论，系从美学上对传统山水画派的一个总结和比较研究。南宗以王维为开山，讲修养，讲"顿悟"，所谓"一超直入如来地"，画法多用水墨渲淡，简率天真；北宗以李思训、李昭道为鼻祖，讲功力，讲"渐修"，所谓"积劫方成菩萨"，画法多用设色勾研，繁缚霸悍。他极力张扬南宗，而认为北宗"非吾曹所当学"，这就造成"崇南贬北"也即抬高文人画、贬低画工画的倾向，在画史上产生了不良的影响。当然，从客观历史的角度看，他对北宗中的二李、二赵、马夏乃至戴进等，都曾给予很高的评价。与"南北宗"论相呼应，董其昌还特别强调传统的师承在创作中的主导性，主张"作画以古人为师，已是上乘"，"画平远师赵大年，重山迭嶂师江贯道，被法用董源麻皮被及《潇湘图》点子被，树用北苑、子昂二家法，石用大李将军《秋江待渡图》及郭忠恕雪景，李成画法有小幅水墨及著色青绿俱宜宗之。尽管他在强调传统师承的同时还提出"进此当以天地为师"，通过"读万卷书，行万里路"的比灵修养和生活实践印证并修正传统，达到"自出机轴"。

但这种"集其大成"的理论一出，终究导致了画坛陈陈相因的摹古之风，仅止于"以古人为师"而不想"进此以天地为师"了。这，无疑也是董其昌始料所不及的。

董其昌的绘画以山水为主，取董巨、二米及倪黄之长，晚年亦有取法北宗作风的。所作烟云流润，秀逸潇洒，绝去甜俗蹊径，具有"平淡"而又"痛快"的特色。画法多用水墨，曾云："王洽泼墨，李成惜墨，两家合之，乃成画诀。"他也有不少作品用浅绛或青绿，有的青绿山水甚至用没骨法来表现，据说是仿六朝张僧繇和唐杨升的遗规；但其敷色用彩的笔法，与水墨完全相当，简率蕴籍而不作精雕细镂。他将南宗和北宗、泼墨和惜墨、青绿和水墨等不同的画派和技法风格揉合到自己的创作实践中，正是"集大成"的现身说法。从《昼锦堂图》来看，所谓"以真率当其巨丽"，实际上也就是将董北苑、黄子久和仇实甫、赵伯驹等南北画派融于一炉之中而别开生面。

《昼锦堂图》卷，绢本，青绿设色。纵41厘米，横198厘米。吉林省博物院藏。

华北东北博物馆

镇馆之宝

黑龙江省

Hei Long Jiang

走进黑龙江,流连于巍巍大小兴安岭和长白山,神奇肥沃的黑土地——三江平原,绿草如茵的呼伦贝尔草原、滔滔的黑龙江、嫩江、牡丹江、松花江之余,人们往往发出这样的惊叹:真美!但思其根本,这种美似乎多出于自然神奇不朽之手,却少有文明渲染之底蕴。黑龙江真的如人们所说的是"北大荒",是原始铸就的贫瘠之地吗?其实不然,在这卧虎藏龙地带,沉睡了800年的金源文明正渐渐苏醒……

"金之源,满之源,东方巨龙一脉传;君不见,龙纹方砖同秦汉,大顶殿宇翘飞檐。"仿佛在诠释着阿城这座"金源内地"的神秘与妩媚。黑龙江省金上京遗址与上京会宁府遗址、金太祖陵园巧妙连缀,三者呈鼎足之势,形成了可移动文物与不可移动文物的有机组合的文物群落。一路走过,上下传承、关联紧密又各具特色,让人在移步换景间步步深入,再现着阿什河畔这片土地上波澜壮阔的历史。

金源文化哺育了创一代风流的女真人,为金朝中后期的发展奠定了坚实的基础,成为中国封建社会后期出现的后北朝发展的典型文化,使中国社会进入了多王朝、列国和列部并存的新时代——即我国在中原由过去以汉族统治为主转向以少数民族统治为主的新时代;是全国各民族在变外为内、变夷为夏中间更高层次的统一中华文化大发展的时代；是由过去"黄炎之遗"之大民族血统论向统一的道统、文脉的一全论的变革时代。

　　金源文化早应走出典籍，以金上京会宁府为中心的龙江大地有着丰富的金源文化遗存，其中有独一无二的四代金帝主政的金朝第一都——金上京会宁府遗址、金太祖完颜阿骨打陵址、馆藏丰富极具特色的金上京历史博物馆等集中构成的金都文化遗存和人文景观，还有众多金朝古城、亚沟石刻、冶铁遗址、松峰山金代道教圣地、五国城徽钦二帝囚禁之地、金代堑壕、金兀术运粮河等。当您信步在气势恢弘的后城遗址之上，定会生出思古之幽情、慨叹良多；徜徉于历久弥珍的文物之间，定会生出诸多遐想，恍若进入"时空隧道"，实现一次极有价值的审美体验。

华北东北博物馆 镇馆之宝

黑龙江博物馆

铜坐龙

【金　镇馆指数★★★☆☆】

在浩繁的中国"龙文化"中，龙的姿态千变万化，但总离不开卧、旋、盘、腾等四大样式。而阿城金上京会宁府遗址出土的铜坐龙构思巧妙，造型独特优雅，形象逼真，工艺精致，栩栩如生，将几种动物完美结合于一身的坐龙形象，堪称龙中的佼佼者。

这件珍贵的铜坐龙体高19.6厘米，重量2.1千克，黄

【铜坐龙】

铜铸造而成，是金代早中期皇室的御用器物。它集龙、麒麟、狮、犬形象及特点于一身，设计构想及雕塑水平高超。龙呈蹲坐式，龙首微扬，张口似吟啸，肩微前弓，前左腿翘起，其爪飞踏瑞云，瑞云与后腿相连，前右腿略向前方直立，爪与地面相连，龙尾上翅向外卷曲，龙首、肩部和四肢饰有卷鬣，威武雄姿，亦动亦静，浩气凛然。在龙的前右腿、尾部及瑞云处有以双向分开的扁锭残迹，是当时与它物相连接固定而铸。仔细观看这座铜坐龙，就会发现它那半张的嘴，微闭的眼睛，悠然自得，似乎在抒发着一种昂扬的心境，它脚踏瑞云，龙尾卷鬣，不在飞却似在飞。它象征着女真民族那份特有的自信乐观的精神，同时它还有着深刻的寓意，反映了该民族稳坐江山，天下太平的美好愿望。

作为金代早期都城的阿城会宁府遗址，留下了无数女真先人的遗物。金上京位于黑龙江阿城白城子。历经金太祖、金太宗、金熙宗三代才建成，号会宁府。金海陵王迁都中都后，取消上京称号，并于正隆二年（1157年）毁上京宫殿、宗庙及诸大族邸第，夷为平地。金世宗时复称上京，于大定年间陆续修复宫殿、城垣。金宣宗兴定元年（1217年）上京兵变，再遭破坏。元明时是通往奴儿干地区（见永宁寺碑）的重要驿站。清初废弃。今存金上京城址为世宗时重建。分南北二城，平面呈曲尺形。城墙夯筑，有角楼、马面、瓮城等防御设施。南城西北部建皇城，长方形。现存午门、五个宫殿和左右廊基址，殿基平面呈工字形。金上京仿辽上京制度，分南北两城，南城居住女真贵族，北城为工商业区。宫殿布局仿北宋汴梁城。但总体布局散乱，无规划。其防御色彩很浓，表明金初期来自北方的威胁就已存在。

铜坐龙堪称金源文化的代表。中华民族的文化并不是单一文化的传承和积累，而是多民族、多地域、多文明的一种文化的融合和发展。看到铜坐龙，让人们不禁联想到800多年前刚劲勇猛、气宇轩昂的女真先人逐鹿塞北，问鼎中原，饮马秦淮的英雄历史。

参考文献

朱家溍 国宝一百件.北京：生活·读书·新知三联书店，2006.
中国历史博物馆 中国通史陈列.北京：朝华出版社，1998.
彭林 文物精品与文化中国十五讲.北京：北京大学出版社，2002.
中国社会科学院考古研究所 定陵.北京：文物出版社，1990.
首都博物馆 中国记忆：五千年文明瑰宝.北京：文物出版社，2008.
保利艺术博物馆.保利藏金.福州：福建美术出版社，1999.
国家文物局等 秦汉罗马文明展.北京：文物出版社，2009.
苏士澍等 大圣遗音.北京：文物出版社，2006.
太原市文物考古研究所 晋国赵卿墓.北京：文物出版社，2004.
张志 天津博物馆文物精华.天津：天津杨柳青画社，2005.

山西博物院　山西博物院珍粹.太原：山西人民出版社，2005.

辽宁省博物馆　华彩若英：中国古代缂丝刺绣精品集.沈阳：辽宁人民
　　出版社，2009.

梁白泉　国宝大观.上海：上海文化出版社，1996.

国家文物局中国科协　奇迹天工.北京：文物出版社，2008.

马承源　中国青铜器全集.北京：文物出版社，1996.

内容简介

本书是博物馆之旅系列图书"镇馆之宝"的分册——华北东北卷,按照本套丛书致力于打造大众的第一本博物馆旅游书的主旨进行编写。本书中,作者把北京市、天津市、河北省、山西省、内蒙古自治区、辽宁省、吉林省、黑龙江省等省市的博物馆珍藏文物进行分类分级整理,整理过程中兼顾博物馆的级别及文物本身的特色,书中涉及省级博物馆及极富地方特色的地市级博物馆。作者在各级博物馆中精心挑选出镇馆之宝,对镇馆之宝选择的标准就是文物本身要代表我国古代文明最高水准或可体现当地文化发展特色。

本书涉及的区域历史悠久,地域特色浓厚,馆藏文物代表了所涉及区域的历史文化发展进程,亦或代表了该区域的最高文化水平,是读者了解区域文化,走近博物馆的入门书籍。

图书在版编目(CIP)数据

华北东北博物馆镇馆之宝 / 丁尧编著. —北京:北京大学出版社,2013.9
ISBN 978-7-301-22178-5

Ⅰ.①华… Ⅱ.①丁… Ⅲ.①博物馆—文物—介绍—华北地区
②博物馆—文物—介绍—东北地区 Ⅳ.①K872

中国版本图书馆 CIP 数据核字(2013)第030260号

书　　　名	华北东北博物馆镇馆之宝
著作责任者	丁　尧　编著
责 任 编 辑	张亚丽
标 准 书 号	ISBN 978-7-301-22178-5 / K·0945
出 版 发 行	北京大学出版社
地　　　址	北京市海淀区成府路 205 号　100871
网　　　址	http://www.pup.cn　　　　新浪官方微博:@北京大学出版社
电 子 信 箱	pup_6@163.com
电　　　话	邮购部 62752015　发行部 62750672　编辑部 62750667　出版部 62754962
印 刷 者	北京大学印刷厂
经 销 者	新华书店
	880mm×1230mm　　32 开本　　7.125 印张　　204千字
	2013年9月第1版　　2013年9月第1次印刷
定　　　价	32.00元

未经许可,不得以任何方式复制或抄袭本书之部分或全部内容。
版权所有,侵权必究
举报电话:010-62752024　电子信箱:fd@pup.pku.edu.cn